总主编　卓永强

渔业船员培训系列教材

小型渔船机驾

（机驾长）

主　编　卓永强　付昭斌　袁建斌
主　审　杜林海　滕宪斌

大连海事大学出版社

图书在版编目(CIP)数据

小型渔船机驾：机驾长／卓永强，付昭斌，袁建斌主编. — 大连：大连海事大学出版社，2018.4(2025.3 重印)
渔业船员培训系列教材／卓永强主编
ISBN 978-7-5632-3631-2

Ⅰ.①小… Ⅱ.①卓… ②付… ③袁… Ⅲ.①渔船—驾驶术—技术培训—教材 Ⅳ.①U674.4

中国版本图书馆 CIP 数据核字(2018)第 075751 号

大连海事大学出版社出版

地址:大连市黄浦路523号 邮编:116026 电话:0411-84729665(营销部) 84729480(总编室)

http://press.dlmu.edu.cn E-mail:dmupress@dlmu.edu.cn

大连金华光彩色印刷有限公司印装　　大连海事大学出版社发行

2018 年 4 月第 1 版　　2025 年 3 月第 7 次印刷

幅面尺寸:184 mm×260 mm　　印张:8.75

字数:212 千　　印数:16001~18000 册

出版人:刘明凯

责任编辑:张　华　　责任校对:刘长影

封面设计:解瑶瑶　郑贺心　　版式设计:张爱妮

ISBN 978-7-5632-3631-2　　定价:25.00 元

编审委员会

编辑委员会

总　序

中国大陆海岸线长达18 000多千米，岛屿海岸线长达14 000多千米，管辖海域约为300万平方千米，属于海洋大国。中国海域蕴藏着丰富的资源，特别是海洋渔业资源，中国近海和外海鱼类最大持续渔获量约为735万吨。2016年我国渔业人口约为2016.96万人，其中传统渔民678.46万人，渔业从业人员1414.85万人。高素质的渔业船员队伍是实现渔业安全生产和渔业经济持续健康发展的重要基础。为适应海洋渔业资源开发形势的发展，规范全国渔业船员教育培训工作，推动《中华人民共和国渔业船员管理办法》实施，广东海洋大学组织在渔业船员培训领域有着丰富教学和培训经验的专家编写了此套“渔业船员培训系列教材”，并组织教学和实践经验丰富的航海类专业的教授、船长和轮机长对教材进行了审定，以提高培训质量，提高渔业船员的综合素质。

“渔业船员培训系列教材”的出版是渔业船员培训工作的一件大事，满足了广大渔业船员备考之需，对提高教学、培训质量和我国渔业船员整体素质具有积极作用，同时也对《中华人民共和国渔业船员管理办法》的实施起到了很好的推动作用。

在本套教材出版之际，我衷心希望广大渔业船员刻苦学习，认真实践，不断提高自己的文化和业务素质，为渔业生产安全和防止水域污染、保护海洋环境做出更大贡献。

在此，谨向参加教材编写工作的同志及为此付出过辛勤劳动的同志们表示衷心的感谢！同时希望大家继续为建设海洋强国而努力！

中国海洋学会理事长

2018年3月

内容提要

本书共分五章,第一章为渔业管理法律法规,简要介绍了《中华人民共和国渔业法》等法律法规以及部分地方渔业安全生产相关法规。第二章为避碰规则,介绍了小型渔船驾驶和航行规则、号灯与号型、声响与灯光信号以及渔船作业避让暂行条例等。第三章为渔船驾驶,主要介绍了航海基础知识、助航标志和航行方法等。第四章为柴油机应用常识,主要介绍了柴油机基本工作原理、常见故障原因分析及检修方法、舷外挂机与挂桨装置的构造和作用等。第五章为渔船电气常识,主要介绍电气常识、蓄电池使用与维护、小型渔船配电系统和用电安全等。

本书为渔业船员适任考试培训教材,也可供渔业监督管理机构和渔业船员培训机构人员学习参考。

前　言

为提高渔业船员培训质量，根据农业部颁布的《中华人民共和国渔业船员管理办法》和《农业部办公厅关于印发渔业船员考试大纲的通知》的要求，广东海洋大学组织在渔业船员培训领域有着丰富教学和培训经验的专家编写了本套“渔业船员培训系列教材”，并组织教学和实践经验丰富的航海类专业的教授、船长和轮机长对教材进行了审定。

在编写教材前，编者对渔业船员现状进行了调研。在准确把握渔业船员应具备的业务素质的前提下，本套教材的编写以应知应会的知识技能为基础，注重理论与实际相结合，强调船员对相关法律法规的学习与掌握。

本套教材作为渔业船员适任考试培训教材，能够满足渔业船员适任考试培训的需要，为船员的业务学习提供帮助，从而提高渔业船员整体素质。本套教材还可供渔业监督管理机构和渔业船员培训机构人员学习参考，以促进渔业监督管理水平和考前培训质量的提高。

本套教材分高级船员驾驶专业、高级船员轮机专业、基本知识及安全技能 3 部分，共 10 种。其中，高级船员驾驶专业包括《航海与气象》《渔船船艺与操纵》《渔船避碰与值班》《渔船船舶管理》4 种教材，适合船长、船副适任考试培训使用；高级船员轮机专业包括《渔船动力装置》《渔船辅机》《渔船电气》《渔船轮机管理》4 种教材，适合轮机长、管轮适任考试培训使用；基本知识及安全技能包括《小型渔船机驾》和《渔船基本安全》2 种教材。本套教材由卓永强教授担任总主编，范少勇副教授、船长和余培文博士担任副总主编。

《小型渔船机驾》由卓永强、付昭斌和袁建斌主编，其中，第一章由卓永强编写，第二章和第三章由付昭斌编写，第四章和第五章由袁建斌编写。全书由卓永强统稿。

本书由大连海事大学杜林海船长、高级实验师和广州航海学院滕宪斌教授、轮机长主审。

本教材在编写过程中得到了渔政管理部门的领导和专家的关心和指导，相关渔政管理部门和渔业公司对教材编写也提供了大力的帮助和支持，在此一并表示衷心感谢！

由于编写水平有限，书中难免存在错误和疏漏，希望广大读者和专家批评指正。

编　者
2017 年 11 月

目　录

第一章　渔业管理法律法规

渔业是人类最古老的生产活动之一，是沿海地区的一项传统基础产业，在保障食物供应、提供就业和发展经济等各方面发挥了重要的作用。长期以来，利益驱使或法制观念淡薄等原因，非法捕捞屡禁不止，渔业纠纷也日趋增多，加之外来物种的侵入，渔业环境资源不断恶化。为维护渔业的正常生产秩序，促进渔业生产持续、稳定和协同发展，促进渔业资源的养护和合理利用，保护渔业水域生态环境，保护人民的身体健康，我国各相关部门从不同的方面，制定了相关的渔业法规。本章主要介绍渔业法、海上交通安全、渔业船舶检验、登记及事故报告和调查处理、船舶污染海洋环境管理、捕捞许可管理等方面的法律法规基础知识。

第一节　中华人民共和国渔业法

《中华人民共和国渔业法》（以下简称《渔业法》）于1986年1月颁布，1987年7月实施，先后进行了四次修订。《渔业法》是调整人们在中国水域开发、利用、保护、增殖渔业资源过程中所产生的各种社会关系的基本法律，共六章五十条。其主要内容有：

一、渔业生产的基本方针

我国水域辽阔，渔业资源丰富，素有“水产养殖之乡”之美誉，不仅历史悠久，而且发展水产养殖的自然条件优越。但在过去很长的时期里，由于重捕捞轻养殖，重海洋轻淡水，重利用轻管理，重生产轻加工，使捕捞强度大大超过资源的承受能力；同时，由于生产手段落后，加工条件和加工技术差，许多水产品由于加工保鲜不当而腐烂变质，造成资源浪费。而水产养殖业的潜力没有充分发挥，80%适宜养殖的浅海滩涂及许多江河湖泊水库没有得到很好的利用。我国于1986年确定了“国家对渔业生产实行以养殖为主，养殖、捕捞、加工并举”的渔业发展方针，以促使水产养殖业快速发展。这一渔业发展方针，符合渔业生产的客观规律，对促进我国渔业生产具有十分重要的意义。此后30年的发展，使中国成为世界第一水产养殖大国，也是世界上唯一水产养殖产量超过捕捞产量的国家，水产养殖业为“解决吃鱼难、农民增收、提供优质蛋白、调整渔业结构”做出了重要贡献。

另外，我国地域广阔，各地自然条件差别较大，因此，《渔业法》特别强调了“因地制宜，各有侧重”，鼓励各地区在发展渔业的生产时，充分考虑本地区的自然资源和生产条件，有所侧重。

二、养殖业

1. 养殖业的发展方针

渔业发展的基本方针确定为“以养殖为主”后，如何发展养殖业？《渔业法》第十条规定：“国家鼓励全民所有制单位、集体所有制单位和个人充分利用适于养殖的水域、滩涂，发展养殖业。”这是我国水产养殖业发展的基本方针。

我国发展养殖的自然条件优越，是大力发展我国的海、淡水养殖业的基础。《渔业法》强调国家对水域利用的统一规划，明文规定“国家对水域利用进行统一规划”，确定“可以用于养殖业的水域和滩涂”，突出了对水域利用进行统一规划的重要作用和地位；同时也肯定了养殖业的承包经营制度，明确规定“集体所有的或者全民所有由农业集体经济组织使用的水域、滩涂，可以由个人或者集体承包，从事养殖生产”。在当前我国的社会主义市场经济体制下，国家鼓励各种经济个体参与养殖业的发展，包括全民所有制单位、集体所有制单位和个人，充分利用适宜养殖的水域、滩涂发展养殖业，以更好地促进我国渔业的持续发展。

2. 对于违反养殖规定的处罚

国家对水域利用进行统一管理，鼓励人们充分利用适于养殖的水域、滩涂，发展养殖业。根据国家规划确定用于养殖业的全民所有的水域、滩涂的单位和个人，应当依法申请养殖，获准后应在养殖证许可范围内开展养殖；否则，属于违反养殖证规定：

（1）未使用全民所有的水域、滩涂从事养殖生产，无正当理由使水域、滩涂荒芜满一年的，由发放养殖证的机关责令限期开发利用；

（2）逾期未开发利用的，吊销养殖证（如图 1-1 所示），可以并处一万元以下的罚款；

图 1-1 养殖证

（3）未依法取得养殖证擅自在全民所有的水域从事养殖生产的，责令改正，补办养殖证或者限期拆除养殖设施；

（4）未依法取得养殖证或者超越养殖证许可范围在全民所有的水域从事养殖生产，妨碍航运、行洪的，责令限期拆除养殖设施，可以并处一万元以下的罚款。

三、捕捞业

1. 捕捞业的发展方针

《渔业法》第二十一条规定，“国家在财政、信贷和税收等方面采取措施，鼓励、扶持远洋捕捞业的发展，并根据渔业资源的可捕捞量，安排内水和近海捕捞力量”，这是我国捕捞业的发展方针。为保证渔业资源的生态环境的可持续性发展，《渔业法》规定：“国家根据捕捞量低于渔业资源增长量的原则，确定渔业资源的总可捕捞量，实行捕捞限额制度。”

捕捞业的发展方针是根据我国捕捞业面临的问题和矛盾确定的。过去几十年内，我国海洋捕捞业的发展走的是一种完全内向型的发展道路，生产要素的投入几乎全部集中在我国的近海渔场。内陆渔业也偏重于发展捕捞，由此造成我国近海和内陆水域的捕捞强度超过了渔业资源的承受能力，使近海和内陆水域的渔业资源明显衰退，捕捞业的发展受到制约，调整捕捞业的生产布局和作业结构已成为决定我国捕捞业兴衰的关键。

捕捞业的发展方针也是根据我国渔业的基本条件确定的。经过几十年的发展，我国已具有雄厚的渔业工业基础和较强的渔业科学技术力量，渔业劳动力充裕，劳务费用较低，具备发展远洋渔业的基本条件。

《渔业法》确定的捕捞业的发展方针，把远洋渔业列为捕捞业的发展重点，以捕捞量低于渔业资源增长量为原则，把安排好近海和内陆水域的捕捞生产作为调整的重点，为调整捕捞业的生产结构，保护和恢复近海和内陆水域的渔业资源提供了法律依据，为捕捞业的发展指明了方向。

2. 捕捞许可证制度

国家对捕捞业实行捕捞许可证制度，如图 1-2 所示。

图 1-2 捕捞许可证制度

符合下列条件者，方可向县级以上地方人民政府渔业行政主管部门申请捕捞许可证：

（1）有渔业船舶检验证书；

（2）有渔业船舶登记证书；

（3）符合国务院渔业行政主管部门规定的其他条件。

只有持有有效的捕捞许可证，才能从事捕捞作业。从事捕捞作业的单位和个人，必须按照捕捞许可证关于作业类型、场所、时限、渔具数量和捕捞限额的规定进行作业，并遵守国家有关保护渔业资源的规定，大中型渔船还应当填写渔捞日志。

3. 捕捞限额制度

为更好地养护我国渔业资源，修订后的《渔业法》规定了渔获量限制管理制度——捕捞限额制度。《渔业法》第二十二条规定，“国家根据捕捞量低于渔业资源增长量的原则，确定渔业资源的总可捕捞量，实行捕捞限额制度”。

捕捞限额总量的分配，应充分体现公平、公正的原则，分配办法和分配结果必须向社会公开，并接受监督。国务院渔业行政主管部门和省、自治区、直辖市人民政府渔业行政主管部门应当加强对捕捞限额制度实施情况的监督检查，对超过上级下达的捕捞限额指标的，应当在其次年捕捞限额指标中予以核减。

四、限制捕捞作业

为保护渔业资源，《渔业法》对捕捞作业进行了若干限制，如图 1-3 所示。

（1）禁止炸鱼、毒鱼、电鱼。

（2）禁止制造、销售、使用禁用的渔具。

（3）禁止在禁渔区、禁渔期进行捕捞。

（4）禁止使用小于最小网目尺寸的网具进行捕捞。

（5）捕捞的渔获物中幼鱼不得超过规定的比例。

（6）在禁渔区或者禁渔期内禁止销售非法捕捞的渔获物。

图 1-3　限制捕捞作业

渔业行政主管机关规定了重点保护的渔业资源品种及其可捕捞标准，禁渔区和禁渔期，禁止使用或者限制使用的渔具和捕捞方法，最小网目尺寸以及其他保护渔业资源的措施。有关违反捕捞作业的限制和禁止的行为，将视违法行为和情节轻重，依法没收违法所得或渔具/渔船等，并予以罚款。构成犯罪的，依法追究刑事责任。

第二节　中华人民共和国海上交通安全法

《中华人民共和国海上交通安全法》（以下简称《海上交通安全法》）是我国海上交通安全管理的基本法，也是我国海上交通安全管理和海事机构实施行政管理的基本法律。它是调整和制约有关海上交通安全各种行为和相互关系的准则和规范，规定了船舶、设施和人员在海上航行、停泊和作业必须具备的技术条件、应该享受的权利和各自应承担的义务，规定了中华人民共和国海事管理机构，是对沿海水域的交通安全实施统一监督管理的主管机关，负责海上交通安全的指挥和管理。

一、船舶检验和登记

船舶和船上有关航行安全的重要设备必须具有船舶检验部门签发的有效技术证书。船舶必须持有船舶国籍证书,或船舶登记证书,或船舶执照。

关于渔业船舶的检验和登记,可参阅本章第四节和第八节相关内容。

二、船舶、设施上的人员

船舶应当按照标准定额配备足以保证船舶安全的合格船员。船长、轮机长、驾驶员、轮机员、无线电报务员/话务员以及水上飞机、潜水器的相应人员,必须持有合格的职务证书。其他船员必须经过相应的专业技术训练。

设施应当按照国家规定,配备掌握避碰、信号、通信、消防、救生等专业技能的人员。

船舶、设施上的人员必须遵守有关海上交通安全的规章制度和操作规程,保障船舶、设施航行、停泊和作业的安全。

关于渔业船舶、设施的人员管理,可参阅本章第七节《中华人民共和国渔业船员管理办法》相关内容。

三、航行、停泊和作业

(1)船舶、设施航行、停泊和作业,必须遵守中华人民共和国的有关法律、行政法规和规章。

(2)外国籍非军用船舶,未经主管机关批准,不得进入中华人民共和国的内水和港口。但是,因人员病急、机件故障、遇难、避风等意外情况,未及获得批准,可以在进入的同时向主管机关紧急报告,并听从指挥。

(3)外国籍军用船舶,未经中华人民共和国政府批准,不得进入中华人民共和国领海。

(4)国际航行船舶进出中华人民共和国港口,必须接受主管机关的检查。

(5)本国籍国内航行船舶进出港口,必须向主管机关报告船舶的航次计划、适航状态、船员配备和载货载客等情况。外国籍船舶进出中华人民共和国港口或者在港内航行、移泊以及靠离港外系泊点、装卸站等,必须由主管机关指派引航员引航。

(6)船舶进出港口或者通过交通管制区、通航密集区和航行条件受到限制的区域时,必须遵守中华人民共和国政府或主管机关公布的特别规定。

(7)除经主管机关特别许可外,禁止船舶进入或穿越禁航区。

(8)大型设施和移动式平台的海上拖带,必须经船舶检验部门进行拖航检验,并报主管机关核准。

(9)主管机关发现船舶的实际状况同证书所载不相符合时,有权责成其申请重新检验或者通知其所有人、经营人采取有效的安全措施。

(10)主管机关认为船舶对港口安全具有威胁时,有权禁止其进港或令其离港。

(11)船舶、设施有下列情况之一的,主管机关有权禁止其离港,或令其停航、改航、停止作业:

①违反中华人民共和国有关的法律、行政法规或规章；
②处于不适航或不适拖状态；
③发生交通事故，手续未清；
④未向主管机关或有关部门交付应承担的费用，也未提供适当的担保；
⑤主管机关认为有其他妨害或者可能妨害海上交通安全的情况。

四、报告制度

(1)禁止损坏助航标志和导航设施。损坏助航标志或导航设施的，应当立即向主管机关报告，并承担赔偿责任。

(2)船舶、设施发现下列情况，应当迅速报告主管机关：
①助航标志或导航设施变异、失常；
②有碍航行安全的障碍物、漂流物；
③其他有碍航行安全的异常情况。

第三节　中华人民共和国渔港水域交通安全管理条例

《中华人民共和国渔港水域交通安全管理条例》依照《中华人民共和国海上交通安全法》第48条的规定制定，主要包括渔港水域安全管理、渔业船舶水上交通安全事故等方面的内容。

一、渔港水域安全管理

1. 基本概念

(1)渔港

渔港是指主要为渔业生产服务和供渔业船舶停泊、避风、装卸渔获物和补充渔需物资的人工港口或者自然港湾。

(2)渔港水域

渔港水域是指渔港的港池、锚地、避风湾和航道。

(3)渔业船舶

渔业船舶是指从事渔业生产的船舶以及属于水产系统为渔业生产服务的船舶，包括捕捞船、养殖船、水产运销船、冷藏加工船、油船、供应船、渔业指导船、科研调查船、教学实习船、渔港工程船、拖船、交通船、驳船、渔政船和渔监船。

2. 渔港水域管理

渔业船舶进出渔港，必须严格遵守以下规定：

(1)遵守渔港管理章程以及国际海上避碰规则，并依法办理签证，接受安全检查。

(2)服从管理，不得损坏渔港的设施装备；如有损坏，应当向渔政渔港监督管理机关报告，并承担赔偿责任。

(3)渔港内装卸易燃、易爆、有毒等危险货物,必须按章申请,经批准后方可作业。

(4)禁止在渔港内的航道、港池、锚地和停泊区从事有碍海上交通安全的捕捞、养殖等生产活动;如确需从事捕捞、养殖等生产活动的,必须经渔政渔港监督管理机关批准。

(5)依法向渔政渔港监督管理机关申请船舶登记,并取得渔业船舶国籍证书或者渔业船舶登记证书后,才能悬挂中华人民共和国国旗航行。

(6)渔业船舶必须经船舶检验部门检验合格,取得船舶技术证书,并领取渔政渔港监督管理机关签发的渔业船舶航行签证簿后,方可从事渔业生产。

(7)渔业船舶的船长、轮机长、驾驶员、轮机员、电机员、无线电报务员/话务员,必须经渔政渔港监督管理机关考核合格,取得职务证书,其他人员应当经过相应的专业训练。

二、渔业船舶水上交通安全事故

渔业船舶之间发生交通事故,应当向就近的渔政渔港监督管理机关报告,并在进入第一个港口 48 h 之内向渔政渔港监督管理机关递交事故报告书和有关材料,接受调查处理。

渔政渔港监督管理机关对渔港水域内的交通事故和其他沿海水域渔业船舶之间的交通事故,应当及时查明原因,判明责任,做出处理决定。

渔港内的船舶、设施有下列情形之一的,渔政渔港监督管理机关有权禁止其离港,或者令其停航、改航、停止作业:

(1)违反中华人民共和国法律、法规或者规章的;

(2)处于不适航或者不适拖状态的;

(3)发生交通事故,手续未清的;

(4)未向渔政渔港监督管理机关或者有关部门交付应当承担的费用,也未提供担保的;

(5)渔政渔港监督管理机关认为有其他妨害或者可能妨害海上交通安全的。

渔港内的船舶、设施发生事故,对海上交通安全造成或者可能造成危害,渔政渔港监督管理机关有权对其采取强制性处置措施。

船舶进出渔港依照规定应当到渔政渔港监督管理机关办理签证而未办理签证的,或者在渔港内不服从渔政渔港监督管理机关对水域交通安全秩序管理的,由渔政渔港监督管理机关责令改正,可以并处警告、罚款;情节严重的,扣留或者吊销船长职务证书(扣留职务证书时间最长不超过 6 个月)。

第四节　中华人民共和国渔业船舶检验条例

为了规范渔业船舶的检验,保证渔业船舶具备安全航行和作业的条件,保障渔业船舶和渔民生命财产的安全,防止污染环境,国家对渔业船舶实行强制检验制度,如图 1-4 所示。强制检验分为初次检验、营运检验和临时检验。

图 1-4　强制检验制度

一、初次检验

初次检验是指渔业船舶检验机构在渔业船舶投入营运前对其所实施的全面检验。下列船舶应当申请初次检验：

(1)制造的渔业船舶。

(2)改造的渔业船舶(包括非渔业船舶改为渔业船舶、国内作业的渔业船舶改为远洋作业的渔业船舶)。

(3)进口的渔业船舶。进口的渔业船舶,其设计图纸、技术文件应当经渔业船舶检验机构审查确认,并在投入营运前申报初次检验。

渔业船舶检验机构对检验合格的渔业船舶,应当自检验完毕之日起 5 个工作日内签发渔业船舶检验证书;经检验不合格的,应当书面通知当事人,并说明理由。

二、营运检验

营运检验是指渔业船舶检验机构对营运中的渔业船舶所实施的常规性检验。营运中的渔业船舶的所有者或者经营者应当按照国务院渔业行政主管部门规定,根据渔业船舶运行年限和安全要求对下列项目实施检验：

(1)渔业船舶的结构和机电设备；

(2)与渔业船舶安全有关的设备、部件；

(3)与防止环境污染有关的设备、部件；

(4)国务院渔业行政主管部门规定的其他检验项目。

三、临时检验

临时检验是指渔业船舶检验机构对营运中的渔业船舶出现特定情形时所实施的非常规性检验。有下列情形之一的渔业船舶,其所有者或者经营者应当申报临时检验：

(1)因检验证书失效而无法及时回船籍港的；

(2)因不符合水上交通安全或者环境保护法律、法规的有关要求被责令检验的;
(3)具有国务院渔业行政主管部门规定的其他特定情形的。

四、监督管理

有下列情形之一的渔业船舶,渔业船舶检验机构不得受理检验:
(1)设计图纸、技术文件未经渔业船舶检验机构审查批准或者确认的;
(2)违反本条例第八条第二款和第九条第二款规定制造、改造的;
(3)违反本条例第十六条、第十七条规定维修的;
(4)按照国家有关规定应当报废的。

第五节 中华人民共和国防治船舶污染海洋环境管理条例

《中华人民共和国防治船舶污染海洋环境管理条例》(以下简称《防污条例》)主要是为了防治船舶及其有关作业活动污染海洋环境,它最主要的制度精神是“预防为主、防治结合;统筹协调,齐抓共管;既有适度的超前,又要促进生产力的发展”,如图 1-5 所示。

图 1-5 船舶污染物处理制度

一、船舶污染物的种类

船舶污染物包括但不限于船舶垃圾、生活污水、含油污水、含有毒有害物质污水、废气等污染物以及压载水。

二、船舶污染物的排放和接收

（1）船舶在中华人民共和国管辖海域向海洋排放3.1款（参见原条文）污染物时，应当符合法律、行政法规、中华人民共和国缔结或者参加的国际条约以及相关标准的要求。否则，应排入港口接收设施或者由船舶污染物接收单位接收。

（2）船舶不得向依法划定的海洋自然保护区、海滨风景名胜区、重要渔业水域以及其他需要特别保护的海域排放船舶污染物。

（3）船舶处置污染物，应当在相应的记录簿内如实记录。船舶应当将使用完毕的船舶垃圾记录簿在船舶上保留2年；将使用完毕的含油污水、含有毒有害物质污水记录簿在船舶上保留3年。

（4）船舶污染物接收单位从事船舶垃圾、残油、含油污水、含有毒有害物质污水接收作业，应当编制作业方案，遵守相关操作规程，并采取必要的防污染措施。船舶污染物接收单位应当将船舶污染物接收情况按照规定向海事管理机构报告。

（5）船舶污染物接收单位接收船舶污染物，应当向船舶出具污染物接收单证，经双方签字确认并留存至少2年。污染物接收单证应当注明作业双方名称，作业开始和结束的时间、地点，以及污染物种类、数量等内容。船舶应当将污染物接收单证保存在相应的记录簿中。

（6）船舶污染物接收单位应当按照国家有关污染物处理的规定处理接收的船舶污染物，并每月将船舶污染物的接收和处理情况报海事管理机构备案。

第六节　中华人民共和国水生野生动物保护条例

《中华人民共和国水生野生动物保护条例》（以下简称《水生野生动物保护条例》）是关于水生野生动物的行政法规。其主要内容包括水生野生动物保护及管理、奖励与惩罚。《水生野生动物保护条例》中所称水生野生动物，是指珍贵、濒危的水生野生动物；所称水生野生动物产品，是指珍贵、濒危的水生野生动物的任何部分及其衍生物。

一、水生野生动物保护

（1）渔业行政主管部门定期组织水生野生动物资源调查，建立资源档案。

（2）渔业行政主管部门应采取有效措施，维护和改善水生野生动物的生存环境，保护和增殖水生野生动物资源。

（3）禁止任何单位和个人破坏国家重点保护的和地方重点保护的水生野生动物生息繁衍的水域、场所和生存条件。

（4）任何单位和个人对侵占或者破坏水生野生动物资源的行为，有权向当地渔业行政主管部门或者其所属的渔政监督管理机构检举和控告。

（5）任何单位和个人发现受伤、搁浅和因误入港湾、河汊而被困的水生野生动物时，应当及时报告当地渔业行政主管部门或者其所属的渔政监督管理机构，由其采取紧急救护措施；也可以要求附近具备救护条件的单位采取紧急救护措施，并报告渔业行政主管部门。已经死亡的水生野生动物，由渔业行政主管部门妥善处理。捕捞作业时误捕水生野生动物的，应当立即无条件放生。

（6）因保护国家重点保护的和地方重点保护的水生野生动物受到损失的，可以向当地人民政府渔业行政主管部门提出补偿要求。经调查属实并确实需要补偿的，由当地人民政府按照省、自治区、直辖市人民政府有关规定给予补偿。

二、水生野生动物管理

（1）禁止捕捉、杀害国家重点保护的水生野生动物。有下列情形之一，确需捕捉国家重点保护的水生野生动物的，必须申请特许捕捉证：

①为进行水生野生动物科学考察、资源调查，必须捕捉的；

②为驯养繁殖国家重点保护的水生野生动物，必须从自然水域或者场所获取种源的；

③为承担省级以上科学研究项目或者国家医药生产任务，必须从自然水域或者场所获取国家重点保护的水生野生动物的；

④为宣传、普及水生野生动物知识或者教学、展览的需要，必须从自然水域或者场所获取国家重点保护的水生野生动物的；

⑤因其他特殊情况，必须捕捉的。

（2）取得特许捕捉证的单位和个人，必须按照特许捕捉证规定的种类、数量、地点、期限、工具和方法进行捕捉，防止误伤水生野生动物或者破坏其生存环境。捕捉作业完成后，应当及时向捕捉地的县级人民政府渔业行政主管部门或者其所属的渔政监督管理机构申请查验。

（3）驯养繁殖国家一级保护水生野生动物的，应当持有国务院渔业行政主管部门核发的驯养繁殖许可证；驯养繁殖国家二级保护水生野生动物的，应当持有省、自治区、直辖市人民政府渔业行政主管部门核发的驯养繁殖许可证。

动物园驯养繁殖国家重点保护的水生野生动物的，渔业行政主管部门可以委托同级建设行政主管部门核发驯养繁殖许可证。

（4）禁止出售、收购国家重点保护的水生野生动物或者其产品，如特殊需要，必须向国家或地方渔业行政主管机构提出申请，并经其批准后方可进行。

（5）运输、携带国家重点保护的水生野生动物或者其产品出县境的，应当凭特许捕捉证或者驯养繁殖许可证，向渔业行政主管部门提出申请。

第七节　中华人民共和国渔业船员管理办法

《中华人民共和国渔业船员管理办法》（以下简称《渔业船员管理办法》）是规范渔业船员管理的行政法规，其主要目的是加强渔业船员管理，维护渔业船员合法权益，保障渔业船舶及船上人员的生命财产安全。

一、职务分类

渔业船员实行持证上岗制度，如图 1-6 所示。渔业船员应当按照本办法的规定接受培训，经考试或考核合格、取得相应的渔业船员证书后，方可在渔业船舶上工作。在远洋渔业船舶上工作的中国籍船员，还应当按照有关规定取得中华人民共和国海员证。渔业船员分为职务船员和普通船员。

图 1-6　持证上岗制度

1. 职务船员分类

职务船员是负责船舶管理的人员，包括以下五类：

(1)驾驶人员，职级包括船长、船副、助理船副；

(2)轮机人员，职级包括轮机长、管轮、助理管轮；

(3)机驾长；

(4)电机员；

(5)无线电操作员。

渔业职务船员证书等级如表 1-1 所示。

2. 普通船员证书分类

普通船员证书分为海洋渔业普通船员证书和内陆渔业普通船员证书。

二、船员培训项目

渔业船员培训包括基本安全培训、职务船员培训和其他培训。具体培训内容如表 1-2 所示。

表 1-1　渔业职务船员证书等级一览表

<table>
<tr><th colspan="4">渔业职务船员证书等级</th></tr>
<tr><th>区域</th><th colspan="2">证书等级</th><th>备注</th></tr>
<tr><td rowspan="11">海洋渔业船员</td><td rowspan="4">驾驶人员</td><td>一级证书</td><td>$L_{OA} \geqslant 45$ m,包括一级船长和一级船副</td></tr>
<tr><td>二级证书</td><td>24 m$\leqslant L_{OA}<45$ m,包括二级船长和二级船副</td></tr>
<tr><td>三级证书</td><td>12 m$\leqslant L_{OA}<24$ m,包括三级船长</td></tr>
<tr><td>助理船副证书</td><td>适用于所有渔业船舶</td></tr>
<tr><td rowspan="4">轮机人员</td><td>一级证书</td><td>主机功率≥750 kW,包括一级轮机长和一级管轮</td></tr>
<tr><td>二级证书</td><td>250 kW≤主机功率<750 kW,包括二级轮机长和二级管轮</td></tr>
<tr><td>三级证书</td><td>50 kW≤主机功率<250 kW,包括三级轮机长</td></tr>
<tr><td>助理管轮证书</td><td>适用于所有渔业船舶</td></tr>
<tr><td colspan="2">机驾长证书</td><td>适用于$L_{OA}<12$ m 或者主机总功率小于 50 kW 的渔业船舶上,驾驶与轮机岗位合一的船员</td></tr>
<tr><td colspan="2">电机员证书</td><td>适用于发电机总功率大于等于 800 kW 的渔业船舶</td></tr>
<tr><td colspan="2">无线电操作员证书</td><td>适用于远洋渔业船舶</td></tr>
<tr><td rowspan="5">内陆渔业船员</td><td rowspan="2">驾驶人员</td><td>一级证书</td><td>$L_{OA} \geqslant 24$ m,且设独立机舱的渔业船舶</td></tr>
<tr><td>二级证书</td><td>$L_{OA}<24$ m,且设独立机舱的渔业船舶</td></tr>
<tr><td rowspan="2">轮机人员</td><td>一级证书</td><td>适用于主机总功率大于等于 250 kW,且设独立机舱的渔业船舶</td></tr>
<tr><td>二级证书</td><td>适用于主机总功率小于 250 kW,且设独立机舱的渔业船舶</td></tr>
<tr><td colspan="2">机驾长证书</td><td>适用于无独立机舱的渔业船舶上,驾驶与轮机岗位合一的船员</td></tr>
<tr><td colspan="4">备注:内陆渔业船舶职务船员职级由各省级人民政府渔业行政主管部门参照海洋渔业职务船员职级,根据本地情况自行确定,报农业部备案</td></tr>
</table>

表 1-2　渔业船员培训项目一览表

基本安全培训	水上求生、船舶消防、急救、应急措施、防止水域污染、渔业安全生产操作规程等
职务船员培训	担任渔业船舶各类职务的船员应当接受的任职培训,包括拟任岗位所需的专业技术知识、专业技能和法律法规等
其他培训	远洋渔业专项培训和其他与渔业船舶安全和渔业生产相关的技术、技能、知识、法律法规等

三、渔业船员申请条件

1. 申请渔业普通船员证书

(1)年满 16 周岁;

(2)符合渔业船员健康标准;

(3)经过基本安全培训。

符合以上条件的,由申请者向渔政渔港监督管理机构提出书面申请。渔政渔港监督管理机构应当组织考试或考核,对考试或考核合格的,自考试成绩或考核结果公布之日起10个工作日内发放渔业普通船员证书。

2. 申请渔业职务船员证书

(1)持有渔业普通船员证书或下一级相应职务船员证书;

(2)年龄不超过60周岁,对船舶长度不足12 m或者主机总功率不足50 kW渔业船舶的职务船员,年龄资格上限可由发证机关根据申请者身体健康状况适当放宽;

(3)符合任职岗位健康条件要求;

(4)具备相应的任职资历条件,且任职表现和安全记录良好;

(5)完成相应的职务船员培训,在远洋渔业船舶上工作的驾驶和轮机人员,还应当接受远洋渔业专项培训。

符合以上条件的,由申请者向渔政渔港监督管理机构提出书面申请。渔政渔港监督管理机构应当组织考试或考核,对考试或考核合格的,自考试成绩或考核结果公布之日起10个工作日内发放相应的渔业职务船员证书。

四、证书管理

渔业船员证书的有效期不超过5年。

(1)证书有效期满,持证人需要继续从事相应工作的,应当申请换发证书。

(2)渔业船员证书期满5年后,持证人需要从事渔业船员工作的,应当重新申请原等级原职级证书。

(3)有效期内的渔业船员证书损坏或丢失的,应当凭损坏的证书原件或在原发证机关所在地报纸刊登的遗失声明,向原发证机关申请补发。补发的渔业船员证书有效期应当与原证书有效期一致。

(4)渔业船员证书格式由农业部统一制定。远洋渔业职务船员证书由农业部印制,其他渔业船员证书由省级渔政渔港监督管理机构印制。

(5)禁止伪造、变造、转让渔业船员证书。

五、职责

按照《渔业船员管理办法》的规定,中国籍渔业船舶的船员,原则上应当由中国籍公民担任,持有高等级职级船员证书的船员可以担任低等级职级船员职务。

1. 一般职责

渔业船员在船工作期间,应当履行以下职责:

(1)携带有效的渔业船员证书;

(2)遵守法律法规和安全生产管理规定,遵守渔业生产作业及防治船舶污染操作规程;

(3)执行渔业船舶上的管理制度、值班规定;

(4)服从船长及上级职务船员在其职权范围内发布的命令;

(5)参加渔业船舶应急训练、演习,落实各项应急预防措施;

(6)及时报告发现的险情、事故或者影响航行、作业安全的情况;

(7)在不严重危及自身安全的情况下,尽力救助遇险人员;

(8)不得利用渔业船舶私载、超载人员和货物,不得携带违禁物品;

(9)不得在生产航次中辞职或者擅自离职。

2. 值班职责

渔业船员在船舶航行、作业、锚泊时应当按照规定值班。值班船员应当履行以下职责:

(1)熟悉并掌握船舶的航行与作业环境、航行与导航设施设备的配备和使用、船舶的操控性能、本船及邻近船舶使用的渔具特性,随时核查船舶的航向、船位、船速及作业状态;

(2)按照有关的船舶避碰规则以及航行、作业环境要求保持值班瞭望,并及时采取预防船舶碰撞和污染的相应措施;

(3)如实填写有关船舶法定文书;

(4)在确保航行与作业安全的前提下交接班。

第八节　中华人民共和国渔业船舶登记办法

中华人民共和国公民或法人所有的渔业船舶,以及光船条件从境外租进的渔业船舶,应当依法进行登记,取得中华人民共和国国籍,方可悬挂中华人民共和国国旗。任何渔业船舶,均不得有双重国籍,如图 1-7 所示。

图 1-7　所有权登记

一、所有权登记

根据《中华人民共和国渔业船舶登记办法》规定,渔业船舶所有人应当向所在地渔业船舶

登记主管机关填写渔业船舶所有权登记申请表,并提交下列材料:

(1)渔业船舶所有人户口簿或企业法人营业执照。

(2)取得渔业船舶所有权的证明文件:

①制造渔业船舶,提交建造合同和交接文件;

②购置渔业船舶,提交买卖合同和交接文件;

③因继承、赠予、拍卖以及法院判决等原因取得所有权的,提交具有相应法律效力的证明文件;

④渔业船舶共有的,应提交共有协议;

⑤其他证明渔业船舶合法来源的文件。

(3)渔业船舶检验证书、依法需要取得的渔业船舶船名核定书。

(4)反映船舶全貌和主要特征的渔业船舶照片。

(5)原船籍港登记机关出具的渔业船舶所有权注销登记证明书(制造渔业船舶除外)。

(6)捕捞渔船和捕捞辅助船的渔业船网工具指标批准书。

(7)养殖渔船所有人持有的养殖证。

(8)进口渔业船舶的准予进口批准文件和办结海关手续的证明。

(9)农业部规定的其他材料。

登记机关准予登记的,向渔业船舶所有人核发渔业船舶所有权登记证书。

二、国籍登记

渔业船舶应当依照本办法进行渔业船舶国籍登记,方可取得航行权。由渔业船舶所有人填写渔业船舶国籍登记申请表,提出国籍登记申请,并递交如下材料:

(1)渔业船舶所有人的户口簿或企业法人营业执照;

(2)渔业船舶所有权登记证书;

(3)渔业船舶检验证书;

(4)捕捞渔船和捕捞辅助船的渔业船网工具指标批准书;

(5)养殖渔船所有人持有的养殖证;

(6)进口渔业船舶的准予进口批准文件和办结海关手续的证明;

(7)渔业船舶委托其他渔业企业代理经营的,提交代理协议和代理企业的营业执照;

(8)原船籍港登记机关出具的渔业船舶国籍注销或者中止证明书(制造渔业船舶除外);

(9)农业部规定的其他材料。

按照《中华人民共和国渔业船舶登记办法》规定,渔业船舶国籍证书有效期为 5 年。如果是以光船租赁条件从境外租进的渔业船舶,临时渔业船舶国籍证书有效期则根据租赁合同期限确定,但最长不得超过 2 年;租赁合同期限超过两年的,承租人应当在证书有效期届满 30 日前,持渔业船舶租赁登记证书、原临时渔业船舶国籍证书和租赁合同,向原登记机关申请换发临时渔业船舶国籍证书。根据《中华人民共和国渔业船舶登记办法》,渔业船舶国籍证书或临时渔业船舶国籍证书必须随船携带。

三、抵押权登记

渔业船舶抵押权的设定、转移和消灭，抵押权人和抵押人应当共同依照本办法进行登记；未经登记的，不得对抗善意第三人。申请渔业船舶抵押权登记，应当填写渔业船舶抵押权登记申请表，并提交下列材料：

(1)抵押权人和抵押人的户口簿或企业法人营业执照；

(2)渔业船舶所有权登记证书；

(3)抵押合同及其主合同；

(4)农业部规定的其他材料。

四、变更登记

下列登记事项如有发生变更，渔业船舶所有人应当向原登记机关申请变更登记：

(1)船名；

(2)船舶主尺度、吨位或船舶种类；

(3)船舶主机类型、数量或功率；

(4)船舶所有人姓名、名称或地址(船舶所有权发生转移的除外)；

(5)船舶共有情况；

(6)船舶抵押合同、租赁合同(解除合同的除外)。

申请变更登记，船舶所有人应当填写渔业船舶变更登记申请表，并提交下列材料：

(1)渔业船舶所有人的户口簿或企业法人营业执照。

(2)渔业船舶所有权登记证书、渔业船舶国籍证书、渔业船舶检验证书和航行签证簿。

(3)变更登记证明材料，如渔业船舶船名核定书、渔业船网工具指标批准书、公安部门或者工商行政管理部门核发的变更证明文件、租赁合同及补充协议和租赁登记证书、共有协议和共有各方同意变更的书面证明。

(4)农业部规定的其他材料。

登记机关准予变更登记的，应当换发相关证书，并收回、注销原有证书。换发的证书有效期不变。

五、所有权注销登记

有下列情形之一的，渔业船舶所有人应当向登记机关申请办理渔业船舶所有权注销登记：

(1)所有权转移的。

(2)灭失或失踪满6个月的。

(3)拆解或销毁的。

(4)自行终止渔业生产活动的。

申请注销登记，应当填写渔业船舶注销登记申请表，并提交下列材料：

(1)渔业船舶所有人的户口簿或企业法人营业执照。

(2)渔业船舶所有权登记证书、国籍证书和航行签证簿。因证书灭失无法交回的，应当提交书面说明和在当地报纸上公告声明的证明材料。

(3)捕捞渔船和捕捞辅助船的捕捞许可证注销证明。

(4)注销登记证明材料。

(5)农业部规定的其他材料。

第九节　中华人民共和国渔业捕捞许可管理规定

《中华人民共和国渔业捕捞许可管理规定》(以下简称《捕捞许可管理规定》)规定,对船网工具控制指标管理,实行捕捞许可证制度和捕捞限额制度;对渔业捕捞许可证、船网工具控制指标等证书的审批和签发,实行签发人制度。《捕捞许可管理规定》是保护和合理利用渔业资源、控制捕捞强度等方面的一部重要法规。

一、捕捞渔船和作业场所的分类

内陆水域捕捞渔船的分类标准由各省、自治区、直辖市渔业行政主管部门制定。海洋捕捞渔船以船舶主机功率和船长为标准,分为大型、中型和小型共三类,具体如表 1-3 所示。

表 1-3　海洋捕捞渔船分类标准

类别	标准
大型捕捞渔船	主机功率大于等于 441 kW(600 马力)
中型捕捞渔船	海洋大型和小型捕捞渔船以外的海洋捕捞渔船
小型捕捞渔船	主机功率不满 44.1 kW(60 马力)且船长不满 12 m

备注:内陆水域捕捞渔船的分类标准由各省、自治区、直辖市渔业行政主管部门制定。

根据《捕捞许可管理规定》,海洋捕捞作业场地按海区进行划分,分成 A、B、C、D 共四类渔区,具体如表 1-4 所示。

表 1-4　海洋捕捞作业场地划分一览表

海区	海域范围
A 类渔区	黄海、渤海、东海和南海及北部湾等海域机动渔船底拖网禁渔区线向陆地一侧海域
B 类渔区	我国与有关国家缔结的协定确定的共同管理渔区、南沙海域、黄岩岛海域及其他特定渔业资源渔场和水产种质资源保护区
C 类渔区	渤海、黄海、东海、南海及其他我国管辖海域中除 A 类、B 类渔区之外的海域。其中,黄渤海区为 C1、东海区为 C2、南海区为 C3
D 类渔区	公海

二、船网工具指标管理

船网工具控制指标以省、自治区、直辖市为单位进行,经农业部报国务院审批后,将船网工具控制指标下达。内陆水域捕捞业的船网工具控制指标和管理办法，由省、自治区、直辖市人民政府规定。

制造、更新改造、购置以及进口海洋捕捞渔船，须按照《捕捞许可管理规定》，向主管机关提出申请，经批准后获得渔业船网工具指标批准书。渔业船网工具指标批准书有效期为 18 个月。除国家另有规定外，有下列情况之一的指标申请，不予批准：

(1)渔船数量或功率超过船网工具控制指标；

(2)从国外或香港、澳门、台湾地区进口或以合作、合资等方式引进渔船在我国管辖水域作业；

(3)不符合产业发展政策和有关法律、法规、规章的规定。

三、渔业捕捞许可证管理

为保护渔业环境资源，对作业类型、场所、时限、渔具数量和捕捞限额作业，实施渔业捕捞许可证制度。申请渔业捕捞许可证，须按规定提交相应的材料，经主管渔业行政部门审核合格后发放。捕捞许可证必须随船(随身)携带，以便于随时接受渔业行政执法人员的检查。

1. 渔业捕捞许可证的分类

渔业捕捞许可证分为海洋渔业、公海渔业、内陆渔业、专项(特许)渔业、临时渔业、外国渔船和捕捞辅助船许可证共七大类，适用范围如表 1-5 所示。

表 1-5　渔业捕捞许可证的分类及适用范围

序号	捕捞许可证类型	适用范围
1	海洋渔业捕捞	我国管辖海域的捕捞作业
2	公海渔业捕捞	我国渔船在公海的捕捞作业。国际或区域渔业管理组织有特别规定的，须同时遵守有关规定
3	内陆渔业捕捞	内陆水域的捕捞作业
4	专项(特许)渔业捕捞	特定水域、特定时间或对特定品种的捕捞作业，包括在 B 类渔区的捕捞作业，与海洋渔业捕捞许可证或内陆渔业捕捞许可证同时使用
5	临时渔业捕捞	临时从事捕捞作业和非专业渔船从事捕捞作业
6	外国渔船捕捞	外国船舶、外国人在我国管辖水域的捕捞作业
7	捕捞辅助船	为渔业捕捞生产提供服务的渔业捕捞辅助船，从事捕捞辅助活动

2. 渔业捕捞许可证的换发、补发及注销

(1)换发

在渔业许可证有效期内，如船名、船籍港和渔船所有权共有人发生变更，或许可证使用期满，应向原发证机关申请换发。如渔船作业方式变更或渔船主机、主尺度、总吨位变更或因渔船买卖发生渔船所有人变更，须按规定重新申请渔业捕捞许可证；如海洋捕捞渔船买卖，以及主机功率和主尺度变更的，须事先按本规定重新申请船网工具指标。

发证机关批准换发和重新发放渔业捕捞许可证的，应当收回原渔业捕捞许可证，并办理渔业捕捞许可证注销手续。

(2)补发

在渔业捕捞许可证有效期内,如渔业捕捞许可证损毁无法使用或丢失,须向渔业捕捞许可证原发证机关申请补发渔业捕捞许可证。

(3)注销

若渔船报废或损毁不再继续从事许可的捕捞作业;或者自行终止许可的捕捞作业,持证人应将渔业捕捞许可证交回发证机关,并办理渔业捕捞许可证注销手续。

3. 渔业捕捞许可证的管理

(1)渔业捕捞许可证和渔船主机功率凭证不得涂改、伪造、变造、买卖、出租或以其他形式转让。涂改、伪造、变造、买卖、出租或以其他形式转让的渔船主机功率凭证为无效渔船主机功率凭证。

(2)海洋渔业捕捞许可证和内陆渔业捕捞许可证的使用期限为5年。其他种类渔业捕捞许可证的使用期限根据实际需要确定,但最高不超过3年。

(3)使用期1年以上的渔业捕捞许可证实行年度审验(以下简称年审)制度,每年审验一次。公海渔业捕捞许可证的年审期为2年。渔业捕捞许可证的年审工作由发证机关负责,也可由发证机关委托申请人户籍或企业所在地的县级以上渔业行政主管部门负责。逾期未年审或年审不合格的、证书载明的渔船主机功率与实际功率不符的、应贴附而未贴附功率凭证或功率凭证贴附不足或贴附无效功率凭证的、以欺骗或其他方法非法取得的,以及涂改、伪造、变造、买卖、出租或以其他形式转让的渔业捕捞许可证,为无效渔业捕捞许可证。

(4)使用无效的渔业捕捞许可证,或未携带渔业捕捞许可证从事渔业捕捞活动的为无证捕捞。

(5)渔业捕捞许可证的申请人应是渔船所有人,申请人在其申请获得批准后成为持证人。持证人对其申请从事的渔业捕捞活动负责,并承担相应的法律责任。

第十节　中华人民共和国船舶进出渔港签证办法

凡进出渔港(含综合性港口内的渔业港区、水域、锚地和渔船停泊的自然港湾)的中国籍船舶均应遵守本办法,办理进出港签证;中华人民共和国渔港监督机关负责进出渔港签证工作,并对渔业船舶实施安全检查。

一、签证制度

(1)船舶应在进港后24 h内(在港时间不足24 h的,应于离港前)应向渔港监督机关办理进出港签证手续,并接受安全检查。签证工作一般实行进出港一次签证。渔业船舶若临时改变作业性质,出港时仍需办理出港签证。

(2)在海上连续作业时间不超过24 h的渔业船舶(包括水产养殖船),以及长度在12 m以下的小型渔业船舶,可以向所在地或就近渔港的渔港监督机关或其派出机构办理定期签证,并接受安全检查。

(3)凡需在渔港内装卸货物的船舶,须填写船舶进(出)港报告单一式两份(一份存签证机关,一份存本船)。

(4)装运危险物品进港的船舶,应在抵港前三天(航程不足三天者,应在驶离发出港前)直接或通过代理人,向所进港口的渔港监督机关报告所装物品的名称、数量、性质、包装情况和进港时间,经批准后,方可进港,并在指定地点停泊和作业。

(5)凡需要在渔港内装载危险货物的船舶,应在装船前两天向渔港监督机关申请办理船舶装运危险物品准运单一式四份(出港签证机关、进港签证机关、本船及托运单位各存一份)。

同时,装运普通货物和危险货物的船舶须分别填报船舶进(出)港报告单和船舶装运危险物品准运单。

(6)渔港监督机关办理进出港签证,须填写渔业船舶进出港签证登记簿和渔业船舶航行签证簿备查。

二、签证条件

进出渔港的船舶须符合下列条件,方能办理签证:

(1)船舶证书(国籍证书或登记证书、船舶检验证书、航行签证簿)齐全、有效。捕捞渔船还须有渔业捕捞许可证。如捕捞渔船临时从事载客、载货运输,须向船舶检验部门申请临时检验,并取得有关证书。

(2)按规定配齐船员,职务船员应持有有效的职务证书。

(3)船舶处于适航状态。各种有关航行安全的重要设施及救生、消防设备按规定配备齐全,并处于良好使用状态。装载合理,按规定标写船名、船号、船籍港和悬挂船名牌。

(4)装运危险物品的船舶,其货物名称和数量应与船舶装运危险物品准运单所载相符,并有相应的安全保障和预防措施,按规定显示信号。

(5)没有违反中华人民共和国法律、行政法规或港口管理规章的行为。

(6)已交付了承担的费用,或提供了适当的担保。

(7)如发生交通事故,按规定办完处理手续。

(8)根据天气预报,海上风力没有超过船舶抗风等级。

第十一节　中华人民共和国渔业船舶事故报告和调查处理规定

《渔业船舶水上安全事故报告和调查处理规定》的主要目的是加强渔业船舶水上安全管理,规范渔业船舶水上安全事故的报告和调查处理工作。如船舶、设施在中华人民共和国渔港水域内发生的水上安全事故,或在中华人民共和国渔港水域外从事渔业活动的渔业船舶以及渔业船舶之间发生的水上安全事故,或者渔业船舶与非渔业船舶之间在渔港水域外发生的水上安全事故,应按照有关规定调查处理。县级以上人民政府渔业行政主管部门及其所属的渔政渔港监督管理机构(以下统称为渔船事故调查机关)负责渔业船舶水上安全事故的报告。

一、事故种类

事故包括水上生产安全事故和自然灾害事故两大类。

水上生产安全事故是指因碰撞、风损、触损、火灾、自沉、机械损伤、触电、急性工业中毒、溺水或其他情况造成渔业船舶损坏、沉没或人员伤亡、失踪的事故。

自然灾害事故是指台风或大风、龙卷风、风暴潮、雷暴、海啸、海冰或其他灾害造成渔业船舶损坏、沉没或人员伤亡、失踪的事故。

二、事故等级划分

渔业船舶水上安全事故分特别重大事故、重大事故、较大事故和一般事故共四个等级，如表 1-6 所示。

表 1-6　事故等级划分表

事故等级	死亡、失踪人数	重伤（包括急性工业中毒）人数	直接经济损失
特别重大事故	30 人及以上	100 人及以上	1 亿及以上
重大事故	10～29 人	50～99 人	5 000 万以上 1 亿以下
较大事故	3～9 人	10～49 人	1 000 万以上 5 000 万以下
一般事故	少于 3 人	少于 10 人	1 000 万以下

三、事故报告

渔业船舶在渔港水域外发生水上安全事故，应当在进入第一个港口或事故发生后 48 h 内向船籍港渔船事故调查机关提交水上安全事故报告书和必要的文书资料。

船舶、设施在渔港水域内发生水上安全事故，应当在事故发生后 24 h 内向所在渔港渔船事故调查机关提交水上安全事故报告书和必要的文书资料。

水上安全事故报告书应当包括以下内容：

（1）船舶、设施概况和主要性能数据；

（2）船舶、设施所有人或经营人名称、地址、联系方式，船长及驾驶值班人员、轮机长及轮机值班人员姓名、地址、联系方式；

（3）事故发生的时间、地点；

（4）事故发生时的气象、水域情况；

（5）事故发生的详细经过（碰撞事故应附相对运动示意图）；

（6）受损情况（附船舶、设施受损部位简图），提交报告时难以查清的，应当及时检验后补报；

（7）已采取的措施和效果；

（8）船舶、设施沉没的，说明沉没位置；

（9）其他与事故有关的情况。

第十二节　地方渔业安全生产相关法规

一、农业部关于海洋伏季休渔有关规定

伏季休渔，是经国家有关部门批准、由渔业行政主管部门组织实施的保护渔业资源的一种制度。它规定某些作业在每年的一定时间、一定水域不得从事捕捞作业。因该制度所确定的休渔时间处于每年的三伏季节，所以也称为"伏季休渔"。伏季休渔制度是当前一项重要的、有效的保护渔业资源的措施，对于渔业资源的保护和恢复，改善渔业生态环境，起到了非常积极的作用，既有利于渔民的长远利益，也有利于促进渔业的持续、稳定、健康发展。

自1995年始，我国先在东海、渤海、黄海海域实行全面伏季休渔制度。东海海域通过几年的休渔有效地保护了以带鱼为主的主要海洋经济鱼类资源。从1999年开始，南海海域也开始实施伏季休渔制度。到目前为止，我国在渤海、黄海、东海、南海海域都实行了全面的伏季休渔制度。2017年1月19日，农业部发布《农业部关于调整海洋伏季休渔制度的通告》(农业部通告〔2017〕3号)，标志着我国正式实施新的海洋伏季休渔制度。该休渔制度规定了休渔海域及时间、休渔作业类型和休渔时间等。其主要内容如下：

(1)休渔海域及时间

渤海、黄海、东海及北纬12°以北的南海(含北部湾)海域。

(2)休渔作业类型

除钓具外的所有作业类型。为捕捞渔船配套服务的捕捞辅助船同步休渔。

(3)休渔时间

①北纬35°以北的渤海和黄海海域为5月1日12时至9月1日12时。

②北纬35°至26°30′之间的黄海和东海海域为5月1日12时至9月16日12时；北纬26°30′至"闽粤海域交界线"的东海海域为5月1日12时至8月16日12时。在上述海域范围内，桁杆拖虾、笼壶类、刺网和灯光围(敷)网休渔时间为5月1日12时至8月1日12时。

③北纬12°至"闽粤海域交界线"的南海海域(含北部湾)为5月1日12时至8月16日12时。

④定置作业休渔时间不少于3个月，具体时间由沿海各省、自治区、直辖市渔业主管部门确定，报农业部备案。

⑤特殊经济品种可执行专项捕捞许可制度，具体品种、作业时间、作业类型、作业海域由沿海各省、自治区、直辖市渔业主管部门报农业部批准后执行。

⑥沿海各省、自治区、直辖市渔业主管部门可以根据本地实际，在国家规定基础上制定更加严格的资源保护措施。

⑦"闽粤海域交界线"是指福建省和广东省间海域管理区域界线以及该线远岸端(117°31′37.40″E，23°09′42.60″N)与台湾岛南端鹅銮鼻灯塔(120°50′43″E，21°54′15″N)连线。

二、广东省渔业船舶安全生产管理办法

为加强渔业船舶安全生产管理，防止和减少生产安全事故，保障渔民生命财产安全，根据《中华人民共和国安全生产法》《广东省安全生产条例》《广东省渔港和渔业船舶管理条例》等有关法律、法规规定，结合广东省实际，《广东省渔业船舶安全生产管理办法》于 2016 年 7 月经广东省人民政府第十二届 78 次常务会议讨论通过，自 2016 年 10 月施行。本办法对各级政府及其相关部门、渔业船舶所有者和经营者、船长船员在渔业船舶安全生产管理方面的主体责任、工作职责和法律责任等做出了明确规定。其中，渔业船舶所有者、经营者应当落实安全生产主体责任。渔业船舶船长对渔业船舶的安全生产承担直接责任。落实事故责任追究制度，将渔业船舶安全生产纳入安全生产责任制考核。本办法的出台，对加强渔业船舶安全生产管理，防止和减少生产安全事故，保障渔民生命财产安全必将发挥重要作用，其主要内容有如下：

1. 安全生产保障

(1)渔港范围内生产经营者应当履行消防安全职责，单位的主要负责人是本单位的消防安全责任人。

(2)渔业船舶船长应当落实船员岗位安全生产职责以及航行安全、跟帮生产等安全生产制度；定期组织检查安全生产设备、证书证件、船员配备以及渔业船舶适航等情况，排查生产安全事故隐患，落实整改措施。

(3)船员在船工作期间应当履行船员职责，服从指挥和管理，按照规定使用安全生产通信指挥系统终端，发现隐患应当向船长报告并及时排除。

(4)禁止渔业船舶从事下列活动：

①被责令停航后未按照要求整改；

②擅自改变船体结构；

③危险天气警报未解除情况下出航；

④超过核定航区或者抗风等级航行和作业；

⑤在主航道、通航分道、桥梁水域、枢纽闸口水域、横水渡口水域、锚地、码头前沿以及回旋水域等通航密集区域从事捕捞活动；

⑥法律、法规和规章规定的其他禁止活动，被责令停航的渔业船舶，应当按照要求整改后方可从事渔业生产活动。

(5)任何单位和个人不得侵占、损坏渔业船舶助航、导航、通信、消防等公共安全设施设备。造成公共安全设施设备损坏的，应当依法赔偿。当地主管部门对损坏的公共安全设施设备应当及时修复。

2. 安全生产监督管理

(1)落实事故责任追究制度，将渔业船舶安全生产纳入安全生产责任制考核。

(2)县级以上人民政府渔业行政主管部门及其所属渔政监督管理机构应当履行监督管理职责，县级以上人民政府安全生产监督管理部门及其他机构或部门，应负责指导、协调和监督渔业船舶安全生产管理工作，依法查处无照修建渔业船舶和销售假冒伪劣船用产品的行为，监督渔业码头、渔港内油库、渔业船舶修造等单位及在港渔业船舶落实消防安全措施，调查处理渔港水域外发生的渔业船舶与非渔业船舶之间的水上交通事故等。

(3)各级人民政府渔业行政主管部门及其所属渔政监督管理机构，应采取有效的措施和手段，开展安全生产监督检查，对被责令改正的渔业船舶予以通报。乡镇人民政府、街道办事处应当组织相关居民委员会、村民委员会监督渔业船舶落实改正措施。

(4)渔民专业合作社、渔业行业协会应当加强行业自律，宣传落实安全生产法律法规，督促落实安全生产基本要求，配合有关部门开展安全生产管理和检查。

(5)实行渔业船舶事故隐患和安全生产违法行为举报制度，渔业行政主管部门及其所属渔政监督管理机构接到举报后，应当及时核查，并依法查处。

3. 应急与救助

(1)各级人民政府应当加强对气象灾害防御工作的组织领导，健全预警预报信息发布机制，完善应急处置配套设施建设和遇险人员撤离、安置以及灾后复产配套措施，做好物资储备。

(2)渔业行政主管部门应当制定并组织实施渔业船舶安全生产应急预案，组织渔业船舶开展应急演练。

(3)渔业船舶所有者、经营者以及船长应当关注天气动态，并服从当地人民政府指挥，按照要求落实渔业船舶避风、避险措施。

(4)渔业船舶发生生产安全事故或者遭遇险情时，应当积极开展自救，并立即向渔政监督管理机构或者相关部门报告，服从当地人民政府和搜救机构指挥。在危及船员生命安全的紧急情况下，船长应当及时做出弃船决定，并最后离船。渔政监督管理机构接到事故报告后，应当按照规定上报当地人民政府和有关主管部门，并进行应急处置。

(5)建立渔业船舶海难搜救互助金，补偿和奖励积极参与渔业船舶遇险搜寻救助的单位和个人，救助因事故导致生活困难的人员。

三、江苏省渔业安全生产管理办法

《江苏省渔业安全生产管理办法》于 2012 年 5 月经江苏省人民政府常务会议讨论通过，现予发布，自 2012 年 7 月 1 日起施行。对渔业安全生产管理，坚持“安全第一、预防为主、综合治理”的原则，加强安全生产管理，建立、健全安全生产责任制度，完善安全生产条件，全面落实渔业安全生产责任制，确保安全生产。

1. 渔业安全生产

(1)逐级签订渔业安全生产责任状，全面落实渔业安全生产责任制。

(2)组织开展渔业安全生产自查活动，建立所属渔业船舶的安全管理档案。发现重大安全事故隐患的，应当及时上报当地政府和渔业行政主管部门。

(3)从事渔业生产的单位应当具备法律、法规和本办法规定的安全生产条件，并符合国家标准或者行业标准、地方标准；不具备安全生产条件的，不得从事渔业生产活动。

(4)渔业生产单位的主要负责人对本单位渔业安全生产工作履行下列职责：

①建立、健全本单位安全生产责任制；

②组织制定本单位安全生产规章制度和操作规程；

③保证本单位安全生产投入和有效实施；

④督促、检查本单位的安全生产工作，及时消除生产安全事故隐患；

⑤组织制定并实施本单位的生产安全事故应急预案；

⑥及时、如实报告生产安全事故。

渔业船舶所有人应当为渔业船舶配备符合渔业安全生产要求的设备和设施，保障渔业安全生产。

渔业船舶船长对渔业船舶的安全生产承担直接责任，组织实施航行、生产各项安全作业制度和规程。

（5）渔业船舶应当办理检验、登记手续，并依法取得相关证书后，方可从事渔业生产。

（6）渔业船舶应当按照规定配备合格船员。职务船员应当持有有效的适任证书。其他船员应当经过相应的专业培训，并取得合格证书。证书的取得和颁发按照相关规定实施。从事海上养殖的人员经安全技能培训合格后，方可从事海上养殖生产。

（7）渔业船舶应当按照规定配备、设置和存放安全生产设备，按规定配备安全生产信息系统通信终端设备。

（8）禁止酒后驾驶渔业船舶。

（9）渔业船舶航行、系岸或者锚泊时，应当留足值班人员，保证安全和随时操纵。

（10）禁止渔业船舶超越核定航区、超抗风等级航行或者进行海上作业。禁止渔业船舶非法载客和从事载货运输。渔业船舶应当安装、开启安全生产信息系统通信终端设备，禁止自行变更安全生产信息系统终端设备内置身份标识，禁止虚假报警等违法使用安全生产信息系统通信终端设备的行为。渔业船舶在收到热带气旋、强风等异常天气信息时，应当根据实际情况或者有关行政主管部门的要求，采取应对措施，驶离受影响区域或者就近返港避风。

（11）渔业船舶有下列情形之一的，不得从事渔业生产：

①达到使用年限的；

②经修理仍不符合渔业船舶国家、行业和地方相关标准的；

③在渔业船舶安全技术检验周期内检验不合格的；

④在检验合格有效期届满后未参加检验的。

（12）各类渔业船舶使用年限规定如下：

①对于海洋钢质捕捞船舶：

a. 长度 24 m 以下的，为 16 年；

b. 长度 24 m 以上 45 m 以下的，为 20 年；

c. 长度 45 m 以上 60 m 以下的，为 26 年；

d. 长度 60 m 以上的，为 30 年。

②对于海洋木质捕捞船舶：

a. 长度 12 m 以下的，为 13 年；

b. 长度 12 m 以上 24 m 以下的，为 18 年；

c. 长度 24 m 以上的，为 20 年。

③海洋玻璃钢捕捞船舶为 30 年。

④除捕捞船舶以外，其他海洋渔业船舶的使用年限如下：

a. 海洋渔业养殖船舶为 15 年，海洋渔业油船为 26 年；

b. 海洋渔业冷藏运输、工程和拖驳船舶为 29 年；

c. 海洋渔业科研、科学和执法船舶为 30 年；

d. 内陆水域渔业船舶在上述同材质海洋渔业船舶使用年限的基础上延长 5 年。

2. 应急救援与调查处理

(1)水上搜救中心负责组织、协调、指挥水上搜寻救助工作。海洋与渔业行政主管部门负责协调渔业船舶水上搜寻救助行动,并对渔业船舶遇险应急提供必要的技术支持。

(2)渔业船舶发生突发事件时,应当立即发出呼救信号,将时间、地点、受损情况、救助要求以及遇险原因等报告水上搜救中心。

(3)遇险船舶的所有人、经营人应当采取措施组织自救。接到报告的水上搜救中心,应当及时组织、协调、指挥救助行动,渔业行政主管部门和相关部门应当积极配合救助行动,接到指令的单位以及船舶应当服从指挥,参与救助。

(4)遇险现场附近的船舶收到呼救信号后,应当在不危及自身安全的情况下,迅速赶赴现场,尽力救助遇险人员和船舶,并将现场情况和本船船名、位置报告有关部门。

县级以上地方人民政府以及乡(镇)人民政府应当保证渔业救助资金的投入,不断提高救助装备水平和救助能力。船籍港所在地的县级人民政府,应当对参与救助的单位和个人给予适当补偿。县级以上地方人民政府对积极救助遇险船舶、人员的单位和个人,应当给予表彰和奖励。

(5)渔业生产安全事故调查组应当按照国家的有关规定,履行事故调查职责,形成事故调查报告。

本章思考题

1. 简述我国渔业生产的基本方针和水产养殖业发展的基本方针。
2. 简述我国捕捞许可证制度的具体规定及限制捕捞作业的情形。
3. 船舶、设施应当迅速报告主管机关的情况有哪些?
4. 渔港水域管理的具体规定有哪些?
5. 我国对渔业船舶的强制检验的种类有哪些? 各有什么规定?
6. 简述船舶污染物的种类以及船舶污染物的排放和接收的具体规定。
7. 简述《中华人民共和国水生野生动物保护条例》中的水生野生动物和水生野生动物产品的具体含义。
8. 简述我国对水生野生动物有哪些具体的规定。
9. 根据《渔船船员管理办法》,简述渔船船员证书种类、渔船船员证书申请条件及渔船船员的基本职责。
10. 渔船船舶所有人应当向登记机关申请办理渔业船舶所有权注销登记的情形有哪些?
11. 海洋捕捞作业场所划分为哪四大类? 各自的区域范围是什么?
12. 根据我国《渔港签证办法》,简述进出渔港的船舶办理签证的基本条件。
13. 渔业船舶事故等级分为哪四大类?

第二章　避碰规则

第一节　小型渔船驾驶和航行规则

一、船舶在任何能见度情况下的行动规则

1. 安全航速

(1)安全航速的概念及理解

《1972 年国际海上避碰规则》(以下简称《避碰规则》或规则)第六条规定:船舶在任何时候都应使用安全航速行驶,以便能采取适当而有效的避让行动,并能在适合当时环境和情况的距离以内把船停住。这个"速度"就是保证航行安全的速度,即安全航速。强调每一船舶在任何时候,都应使用安全航速。"任何时候"应理解为不仅包括在时间上的任何时候,还包括船舶处在任何环境和情况下。也就是说,不论在白天还是黑夜、能见度良好还是能见度不良、在开阔水域还是受限水域等时间和环境情况下,船舶都应保持安全航速行驶。尽管规则并没有对"安全航速"给出具体的定量解释,但指导船舶决定安全航速时,应考虑以下因素:

①能见度情况;

②通航密度,包括渔船或者任何其他船舶的密集程度;

③航道情况,如水面宽阔或航道狭窄;

④气象和海况;

⑤船舶操纵性能以及驾驶员的素质;

⑥雷达性能以及使用雷达熟练程度等。

关于安全航速"量"的问题,国际海事组织曾多次试图根据上述诸因素定出一个适合各种情况下的安全航速,但至今未能得出一个有效而满意的结果。不过根据航海家的实践,如果在能见度不良的情况下,所谓"安全航速"习惯上采用:当用视觉见到来船时,采用停车或全速倒车,使船舶能在 1/2 的视距内把船停住的速度即称为安全航速。

如:能见距离 2 n mile,甲、乙两船都使用"安全航速",当两船互见后都能在 1 n mile 的距离内把船停住,这样即便两船相遇,也不致发生碰撞事故,所以此航速可称为"安全航速"。如果是装设雷达的船舶,使用停车能在雷达荧光屏上发现来船第一次回波最小距离的 1/5~1/6 的距离上把船停住的速度可为"安全航速"。除此之外,许多港口为确保航行安全都限制了船

舶的航速，如大连港限速 8 kn，上海黄浦江逆水限速 6 kn，顺水限速 8 kn；苏伊士运河限速 7.5 kn，都应认为是“安全航速”。

(2)港口限速与安全航速的关系

港口限速是主管机关根据当地通航水域的实际情况，如水深、宽度、水文气象、通航密度、临时性特殊作业等情况，统计事故发生与船舶航速的关系，所做出的对通过该水域的船舶航速的限制。相对该水域而言，港口限速是确保该水域安全的最佳航速，但因为没有考虑船舶实际的情况，因此，针对特定船舶而言，地方限速不一定是安全航速。从法律的角度来看，港章、港规优先于《避碰规则》，因此船舶不但要遵守地方限速，还要考虑到《避碰规则》关于安全航速的规定。

2. 碰撞危险

《避碰规则》第七条第四款规定，在断定是否存在碰撞危险时，考虑的因素中应包括下列各点：

(1)如果来船的罗经方位没有明显的变化，则应认为存在碰撞危险。

①如两船对驶（称为“对遇”），若相对方位不变，如继续航行，必然会发生碰撞事故（如图 2-1 所示）。

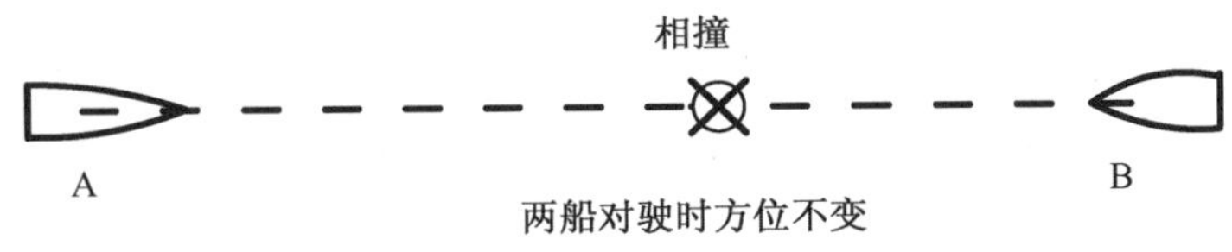

图 2-1　对遇

②在交叉相遇时，如图 2-2 所示。

a. 如果两船成一定角度相近行驶（称为交叉相遇），若两船方位没有明显变化，会有碰撞危险〔见图 2-2(a)，A 船发现 B 船罗经方位没有明显变化〕。

b. 如果我船与来船的罗经方位有明显变化，而且方位减小，来船将从我船的前方通过，没有碰撞危险〔见图 2-2(b)，A 船发现 B 船罗经方位明显变小〕。

c. 如果我船与来船的罗经方位有明显变化，而且方位增加，这时来船必然从我船的后方通过，没有碰撞危险〔见图 2-2 中(c)，A 船发现 B 船罗经方位明显变大〕。

③在追越时

当 A 船处于 B 船正横后 22.5°，且位于 B 船艉灯照射的范围内时，两船距离在不断地减少，这种会遇情形称为追越。若两船罗经方位无明显变化，则认为存在碰撞危险〔如图 2-3(a)所示〕。

若 B 船连续观察发现，A 船的罗经方位不断变小，两船距离在不断减少，说明 A 船将通过本船的船首〔如图 2-3(b)所示〕。

(2)即使有明显的方位变化，有时也可能存在这种危险，特别是在驶近一艘很大的船舶或拖带船组时，或是在近距离驶近他船时。

在观测判断与他船有无碰撞危险时，一船把来船当成一点来看，但实际上船舶都有一定的长度，尤其是大型船舶和拖带船组的长度多大于 100 m，甚至更长一些。因此对驶近距离较近

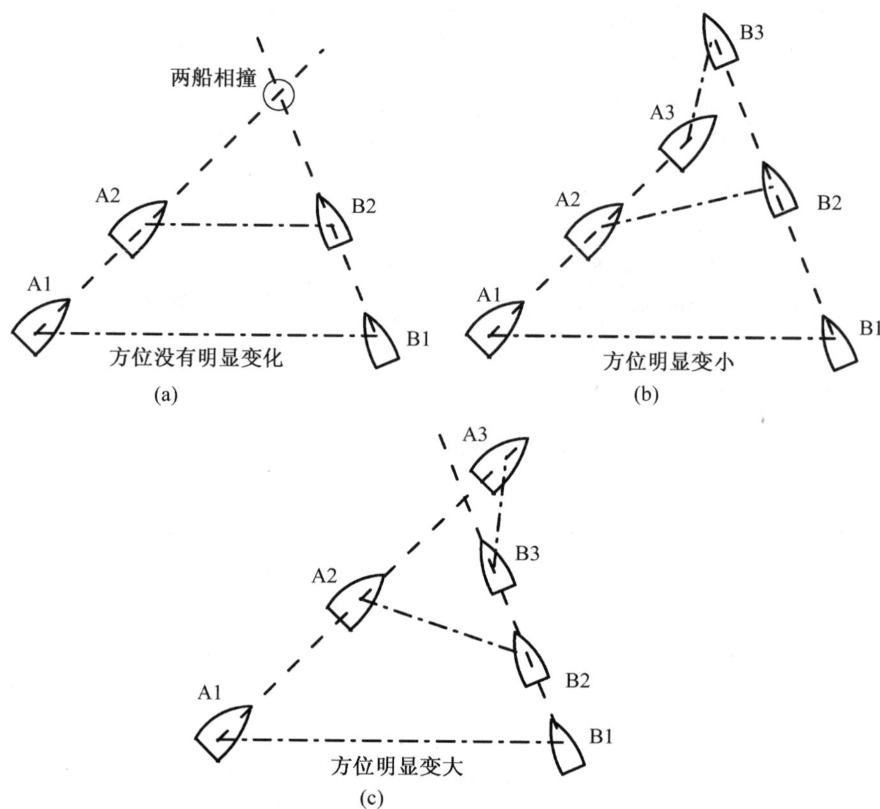

图 2-2　交叉相遇

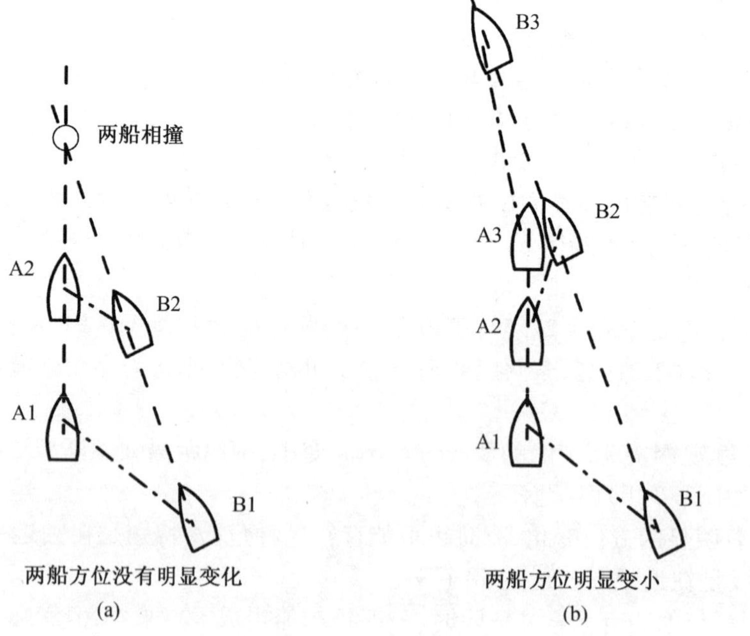

图 2-3　追越

的船舶、大型船舶或拖带船组时，即便是与来船的罗经方位有明显变化，也可能存在碰撞危险。

航海上，常常采用两船会遇时的最近会遇距离（DCPA）结合最近会遇时间（TCPA）来判断是否有碰撞危险及其紧迫度，一般认为：

DCPA 表示存在碰撞危险的可能性，若 0<DCPA<安全会遇距离，则存在碰撞危险。

TCPA 表示碰撞危险的紧迫程度，TCPA 越小，危险紧迫程度越大；反之，则越小。

3. 避免碰撞的行动

《避碰规则》第八条对船舶为了避免碰撞而所采取的行动，做了明确的规定：

（1）为避免碰撞所采取的任何行动，如当时环境许可，应是积极的，并应及早地进行和注意运用良好的船艺。

"积极的，并应及早地"是指在进行避免碰撞的避让过程中，为避免被动局面，应留有充分的时间余地，当然也包括距离的余地。一般在用视觉发现他船的白灯（多指桅灯）就应注意观察他船性质、动态与我船会遇局面，当发现红、绿舷灯或其他号灯时即应考虑与来船的避让关系，如果我船是让路船即应采取避让措施。

如果在能见度不良时利用雷达进行避让，在时间和距离上应留出更充分的余地，一般认为发现他船在 12 n mile 的距离就应注意观察，10～6 n mile 进行雷达作图分析判断来船的航向、航速、会遇关系。如果存在碰撞危险即应考虑和采取避让措施，当近到 6～4 n mile 时，应检验避让效果。使用雷达避让一般与来船保持在 2 n mile 或更大的距离。

良好的船艺技能是指谨慎的、合格的航海者在长期的航海职业生涯中所积累的宝贵经验、所具有的优良技艺及传统做法。通常表现但并不局限于下列情况：

①在狭水道与航道中，或通航密度较大的水域，或能见度不良等情形，将主机做好随时操纵的准备；

②在实施避让过程中，使用手操舵，且叫舵角而不应叫航向；

③熟悉本船的操纵特性和舵机性能，正确使用主机和舵机；

④夜间遇到来船，受限核查本船号灯工作情况；

⑤锚泊时，应选择适当的锚位，留有足够的旋回余地，以应不测。

（2）大幅度地转向或（和）变速避让是一种良好的避让措施。

在避让过程中，不管采取转向避让或采取减速避让都要求大幅度，以免不易被来船察觉我船已采取了避让行动。在正常天气的情况下，转向避让应明确显示舷灯，当然一般应显示红灯，以策安全。减速避让一般应将航速减少一半，在狭水道或船舶密集的水域经常需要采取停车的措施，以确保安全。在能见度不良时，转向避让一般应转向 30°或以上，减速避让当然更应谨慎从事。

这里必须强调，在转向避让或减速避让过程中，应避免做一连串的小变动，这样不易被他船察觉，如此可能会造成他船采取不协调的动作，因而导致紧迫危险局面的发生，甚至造成碰撞。

（3）如果有足够的水域，转向避让是最高效的避让行动。

规则提倡转向避让，因为转向避让能操纵自如，效果明显，所以在宽敞的水域宜采取转向避让。

（4）保持安全距离，进行宽让并检验避让效果，直到驶过让清他船为止。

在避让过程中要进行宽让，以保持与他船的安全距离，如果有足够的安全距离，两船就不会存在碰撞的危险。船舶必须采取合适的任何方法和手段,细心地检查避让效果,以免船舶所采取的有效行动被他船所采取的行动相互抵消,造成劳而无功的后果。

避免碰撞的最终效果应是“在安全的距离上驶过让清”。即所采取的行动是否正确,并不以避免两船碰撞为标准,而是以两船是否能够在安全距离上驶过为标准。然而,何为安全距离?有关专家和学者普遍推荐,在大海上,能见度良好的白天,万吨级船会遇时的 DCPA 不应小于 1 n mile,在夜间或风浪天气中 DCPA 为 1.5 n mile 左右;在能见度不良的水域中使用雷达进行避让时,万吨级船舶会遇时的 DCPA 应大于 2 n mile。当船舶在受限水域中航行时,安全距离的数值可适当减小。这些推荐数值留有较大的余地,从海上避碰实践调查的统计分析看,海员实际采用的数值要小一些。

核查避碰行动有效性,贯穿于整个会遇过程,直到驶过让清为止。驶过让清通常是指船舶采取让路或避碰行动后,两船以安全的 DCPA 相互驶过。在恢复原来的航向或航速后,两船仍然能保持在安全距离上驶过,并且不会形成新的碰撞危险。如避免碰撞或须留有更多时间来估计局面,船舶应当减速或者停止或倒转推进器把船停住。

4. 有关狭水道航行规定及注意事项

(1)狭水道的概念

狭水道是指如航道宽度、水深及其他航行条件受到了限制的可航水域,可以理解为航行水域有限,致使船舶不能自由操纵的天然水道。一般认为宽度为 2 n mile 左右的水道为狭水道,但实际上,冰区、水雷区、岛礁区航道以及江河、港口进出口的一部分也被认为是狭水道。

一般情况下,狭水道航行船舶的会遇,都是在很近的距离内相互驶过。为确保通航安全,大多数的国家或港口对其辖区内的狭水道,均制定了相应的通航规则,如船位报告制度、VTS 指挥、部分航段限速规定等。

(2)狭水道航行注意事项

①船舶沿狭水道或航道行驶时,只要安全可行,应尽量靠近本船右舷的该水道或航道的外缘行驶。

②帆船或者长度小于 20 m 的船舶,不应妨碍只能在狭水道或航道以内安全航行的船舶通行。

③从事捕鱼的船舶,不应妨碍任何其他在狭水道或航道以内航行的船舶通行。

④船舶不应穿越狭水道或航道,如果这种穿越会妨碍只能在这种水道或航道以内安全航行的船舶通行,应鸣放相应的警告声号。

⑤在狭水道或航道内,如只有在被追越船必须采取行动以允许安全通过才能追越时,则企图追越的船和被追越的船舶,均应鸣放规则规定的声号。且不论是什么原因,追越船都不能免除其让路的义务。

⑥船舶在驶近可能被居间障碍物遮蔽他船的狭水道或航道的弯头或地段时,应特别机警和谨慎地驾驶,并鸣放一长声的示警信号。

⑦如环境许可,应避免在狭水道内锚泊。

5. 有关分道通航制的规定

(1)分道通航制的概念

如图 2-4 所示,分道通航制是指在船舶来往比较频繁的海区,用分隔线或隔离带等划定专门的区域,规定在这些区域中,船舶只能单向行驶,以达到减少碰撞事故的目的。

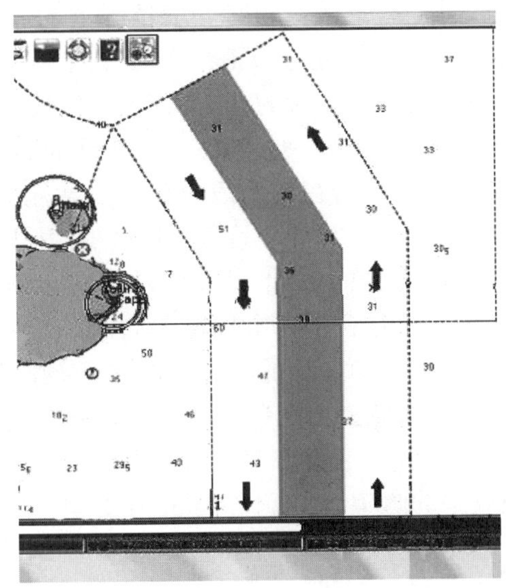

图 2-4　分道通航制

(2)使用分道通航制的基本原则

①在相应的通航分道内,应顺着分道的船舶总流向行驶;

②尽可能让开通航分隔线或分隔带;

③通常在通航分道的端部驶进或驶出,但从分道的一侧驶进或驶出时应与分道的船舶总流向形成尽可能小的角度。

(3)使用分道通航制的注意事项

①船舶应尽可能避免穿越通航分道,但如不得不穿越,应尽可能与分道的船舶总流向成直角穿越;

②凡可安全使用邻近分道通航制区域中相应通航分道的过境航行,通常不应使用沿岸通航带;

③除穿越船外,船舶通常不应进入分隔带或穿越分隔线,除非紧急情况下避免紧迫危险或在分隔带内从事捕鱼;

④船舶在分道通航制区域端部附近行驶时,应特别谨慎;

⑤船舶应尽可能避免在分道通航制区域内或其端部附近锚泊;

⑥不使用分道通航制区域的船舶,应尽可能远离该区;

⑦从事捕鱼的船舶,不应妨碍按通航分道行驶的任何船舶的通行;

⑧帆船或长度小于 20 m 的船舶,不应妨碍按通航分道行驶的机动船的安全通行;

⑨操纵能力受到限制的船舶,当在分道通航制区域内从事维护航行安全的作业时,在执行该作业所必需的限度内,免受本条规定的约束;

⑩操纵能力受到限制的船舶,当在分道通航制区域内从事敷设、维修或起捞海底电缆时,在执行该作业所必需的限度内,免受本条规定的约束。

6. 瞭望

规则第五条规定,“每一船舶应经常用视觉、听觉以及适合当时环境情况下一切有效的手段保持正规的瞭望,以便对局面和碰撞危险做出充分的估计”。

瞭望的基本手段包括视觉、听觉以及适合当时环境情况下的一切有效手段。视觉瞭望是指使用眼睛直接观察,若采用望远镜,则不是视觉瞭望。视觉是最基本的、最主要的手段,因为人眼所见到的仍然是最可靠、最直接和最省时的,它不依赖任何仪器。听觉也是保持瞭望的基本手段。虽然听觉较视觉瞭望所及的范围要小,但在能见度不良的情形下,尤其是浓雾中,则显示出视觉瞭望无法比拟的优越性。一切有效手段应认为是使用望远镜、雷达和高频无线电话等有助于安全航行的仪器设备进行瞭望,如望远镜、雷达、船用甚高频。瞭望的最终目的是对船舶所处的局面和碰撞危险做出充分的估计。因此,从内容上看,“瞭望”是对正在发生的各种情况的鉴别,不仅仅包含察看,还包含了“判断”这一过程。

航海上,将整个瞭望过程中各种正确做法的总和,称为“正规瞭望”,如选择合适的瞭望手段,瞭望人员人数、素质,瞭望的位置,瞭望人员的行为,以及对船舶周围情况进行的系统、全方位和科学的观察与判断等各方面。对于正规瞭望,可以理解为:只要是应该做而没做,或者不应该做却做了,以致影响瞭望效果的瞭望,则均不属于正规瞭望。

二、船舶在互见中的行动规则

当一船能自他船以视觉,即肉眼看到时,称为“互见”,需要强调的是“肉眼视觉看到”,而不是以其他瞭望手段所察觉的,如采用望远镜、雷达等设备见到。“互见”的“见”是指用肉眼看到来船船体、号灯和航行灯等灯光信号,可以据此准确判断来船的艏向和运动状态。“互见”的“互”,并非两船“相互看到”,而是指能自他船以视觉看到另一船,即可认为是“互见”。此外,“互见”与能见度没有关系,只要能自他船以视觉看到另一船舶,即可认为处于“互见”状态。因此,能见度不良时也可能存在互见的情况。

按照规则,船舶在互见中的行动规则包括了第十二条至第十八条共七条,其中第十二条是帆船条款,本章不予以介绍。在互见的情况下,小型机动渔船主要面临的会遇有追越、对遇、交叉三种方式。

1. 追越局面

(1)基本概念

如图 2-5 所示,一船正从他船正横后大于 22.5°的某一方向赶上他船时,即该船对其所追越的船所处位置,在夜间只能看见被追越船的艉灯而不能看见它的任一舷灯时,应认为是在追越中。追越不以是否形成碰撞危险为前提,只要构成追越局面,追越条款即告生效。

(2)构成条件

①两船距离:后船位于前船艉灯照射的距离内,通常认为后船距离前船 3 n mile 时开始适用。

②两船方位:后船位于前船正横后大于 22.5°的任一方向。

③两船速度:后船速度大于前船速度。

④两船相对距离变化:后船逐渐赶上前船。

(3)责任

追越局面一旦构成,无论随后两船间方位如何改变,都不应把追越船作为规则各条含义中所指的交叉船,或者免除其让开被追越船的责任,直到最后驶过让清为止。

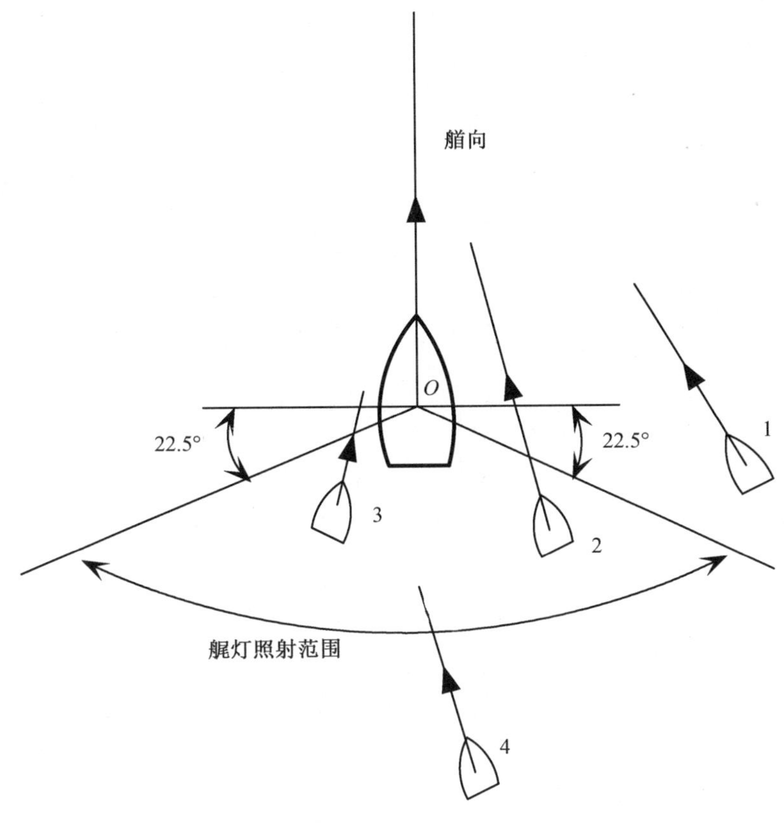

图 2-5 追越局面

(4)行动准则

追越过程中,追越船自始至终负有避让的责任,直到驶过让清。一船对是否追越他船有任何怀疑,应假定是在追越,并应采取相应的行动。

(5)实例

如图 2-5 所示,船 1 和 4 因不位于本船 O 艉灯照射距离范围内,因此船 1、4 与本船 O 不构成追越态势;船 2 和 3 位于本船 O 艉灯照射距离范围内,船 3 速度小于本船 O,船 2 速度大于本船 O,因此船 3 与本船 O 不构成追越态势,船 2 与本船 O 构成追越态势。

2. 对遇局面

(1)基本概念

如图 2-6 所示,当两艘机动船在相反的或接近相反的航向上相遇致有构成碰撞危险时,即构成了对遇局面。当一船看见他船在正前方或接近正前方,并且,在夜间能看见他船的前后桅灯成一直线或接近一直线和(或)两盏舷灯时;或在白天能看到他船的上述相应形态时,则应认为存在这样的局面。通常认为将一船位于另一船正船首方向±3°范围内,航向相反或接近相反,致有构成碰撞危险,就构成了对遇局面。

(2)构成条件

①互见中的会遇两船应为机动船;

②航向相反或接近相反;

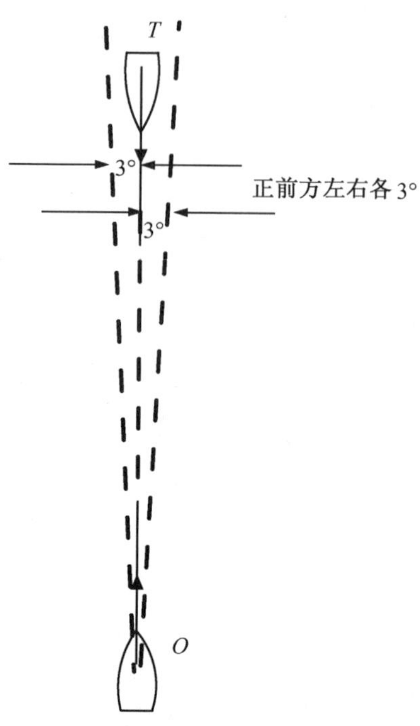

图 2-6　对遇局面

③构成了碰撞危险。

(3)责任

会遇的两船均负有让路的责任。

(4)行动准则

各自向右转向,以左舷对左舷的方式通过。一船如对是否构成对遇局面有任何怀疑,即假定存在对遇。

3. 交叉会遇局面

(1)基本概念

如图 2-7 所示,当两艘机动船交叉相遇致有构成碰撞危险时,即构成交叉会遇。

(2)构成条件

①互见中的会遇两船应是机动船;

②航向交叉;

③相对位置为自船首至正横后 22.5°的范围内;

④存在碰撞危险。

(3)责任

位于他船左舷的船舶,是让路船,负有让路的责任,另一船则为直航船。图 2-7 中,A 船位于 B 船的左舷,因此 A 船为让路船,负有让路的责任;B 船为直航船,应“保向保速”。

(4)行动准则

让路船避让时,如当时环境许可,应避免横越他船的前方。通常做法是向右转向,从他船船尾通过。

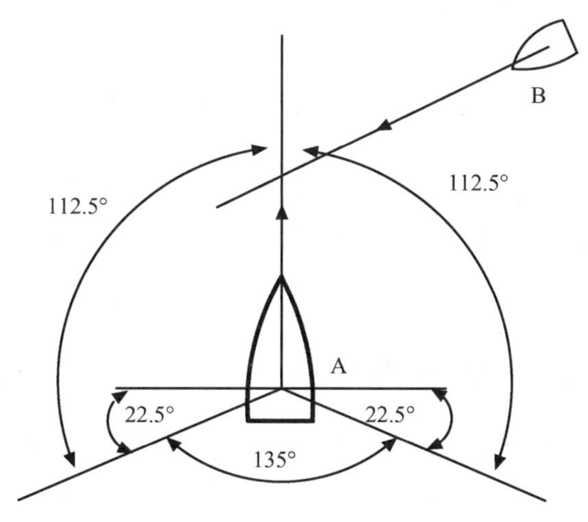

图 2-7　交叉局面

4. 让路船的行动

须给他船让路的船舶，应尽可能及早采取大幅度的行动，宽裕地让清他船。让路船采取的行动可用“早、大、宽、清”四字概括。

“早”理解为早发现、早采取避让措施。任何船舶均应采取一切“行之有效”的手段，尽可能早地发现船舶，并根据当时的环境和局面，进行充分判断后，尽可能早地采取有效的避让措施。避让措施包括转向或变速，或者转向与变速配合进行。

“大”理解为采取大幅度的避让措施。其具体是指船舶避让措施的幅度，应大到足以被他船用视觉或雷达观察时，容易觉察到它的行动。其目的在于当船舶采取大幅度的行动后，他船可以很快明白对方的避让意图以及行动，可有效避免两船之间对避让行动意图的误解而采取不协调的行动。

“宽”理解为宽距离驶过。为避免碰撞所采取的行动，最终结果应在安全距离上驶过。规则中，对安全距离并无定义，也没有具体的量化。因此，宽距离驶过，被认为是“良好船艺”的一种体现，可为避让过程中突发的非正常事件，留有处置的时间、空间，如会遇的他船或本船主机突然故障、舵机失灵等。

“清”理解为避让效果的清爽性，通常是指船舶采取让路或避碰行动后，两船以安全的 DCPA 相互驶过；在恢复原来的航向或航速后，两船仍然能保持在安全距离上驶过，并且不会形成新的碰撞危险。

5. 直航船的行动

以采取措施的先后顺序以及碰撞危险的紧迫性，直航船的行动可分为三个阶段：

(1)保向保速阶段

两船中的一船应给另一船让路时，另一船应保持航向和航速。通常理解为碰撞危险形成后的初始避让阶段，赋予让路船舶让路的义务。

(2)独自采取避让行动阶段

当保持航向和航速的船直航船，一经发觉规定的让路船显然没有遵照避碰规则各条采取行动时,该船即可独自采取操纵行动,以避免碰撞。

(3)采取避碰的行动阶段

不论由于何种原因逼近到单凭让路船的行动不能避免碰撞时,即构成紧迫危险时,直航船也应采取最有助于避碰的行动。

虽然规则对直航船的行动做了明确规定,但并不意味着因此而解除了让路船让路的义务。在交叉相遇局面下,如当时环境许可,不应对本船左舷的船,采取向左转向的避让措施,这也是良好船艺的体现。

三、船舶在能见度不良时的行动

能见度不良是指任何由于雾、霾、雪、暴风雨、沙暴或任何其他类似原因而使能见度受到限制的情况。被居间障碍物遮蔽而相互看不见的情况不属于能见度不良,能见度不良并不是指船舶无法用视觉看见他船。能见度不良时也存在互见的情况。

1. 适用范围

船舶在能见度不良时的行动适用于在能见度不良的水域中或在其附近航行时相互看不见的船舶。

2. 行动准则

(1)采用安全航速航行。

(2)若是机动船,应做好随时操纵的准备,包括主推进器和人工操舵。

(3)如需转向避让,应尽可能地避免做到:

①除对被追越船外,对正横前的船舶采取向左转向;

②对正横或正横后的船舶,采取朝着它转向。

3. 注意事项

(1)能见度不良情况下,没有让路船和直航船之分,每一船舶均具有“让路”的责任。

(2)当仅凭雷达观测他船时,应充分考虑雷达的局限性。

(3)声音在雾中传播会发生折射,因此雾中航行,不能凭借声号来判断他船的方位。

(4)除非已判断不存在碰撞危险,否则每一船舶当听到他船的雾号显示在本船正横之前,或者与正横之前的他船不能避免紧迫局面时,应将航速减少到能维持其航向的最小速度。必要时,应把船完全停住,无论如何,应谨慎驾驶,直到碰撞危险过去为止。

(5)应充分考虑能见度不良给船舶瞭望带来的困难,应根据当时的环境和情况,增派瞭望人员,开启号灯、鸣放声号,并做好随时抛锚的准备。

(6)严格遵守《驾驶台值班规则》,保持驾驶台肃静,注意收听来船的雾号信息等。

第二节　号灯与号型

号灯与号型及声光信号，都是用来表示船舶类型、动态、大小以及操纵动向和要求的信号。所有船舶都必须根据规则的有关规定准确无误显示。船舶驾驶人员可以根据号灯与号型来识别和判断他船的种类、动态及与他船的相互关系、有无碰撞危险等情况，以便采取相应措施以确保航行和作业安全。

无论天气好坏，船舶均应按规则显示相应的号灯和号型。在日没到日出时段，或者能见度不良，或认为有必要时，应显示正确的号灯，而不能显示有可能被误认为《避碰规则》规定的号灯，也不能显示可能会削弱号灯能见距离或显著特性的灯光，更不能妨碍正规瞭望的灯光。在白天，无论天气好坏，均应显示正确号型。

一、号灯与号型的定义和适用范围

1. 号灯定义

表征船舶种类、长度、状态、危险货物装载情况及作业或执行任务等情形的灯光信号和悬挂物，称为“号灯与号型”。号灯可分为桅灯、舷灯、艉灯、环照灯、拖带灯和闪光灯，如图2-8所示。

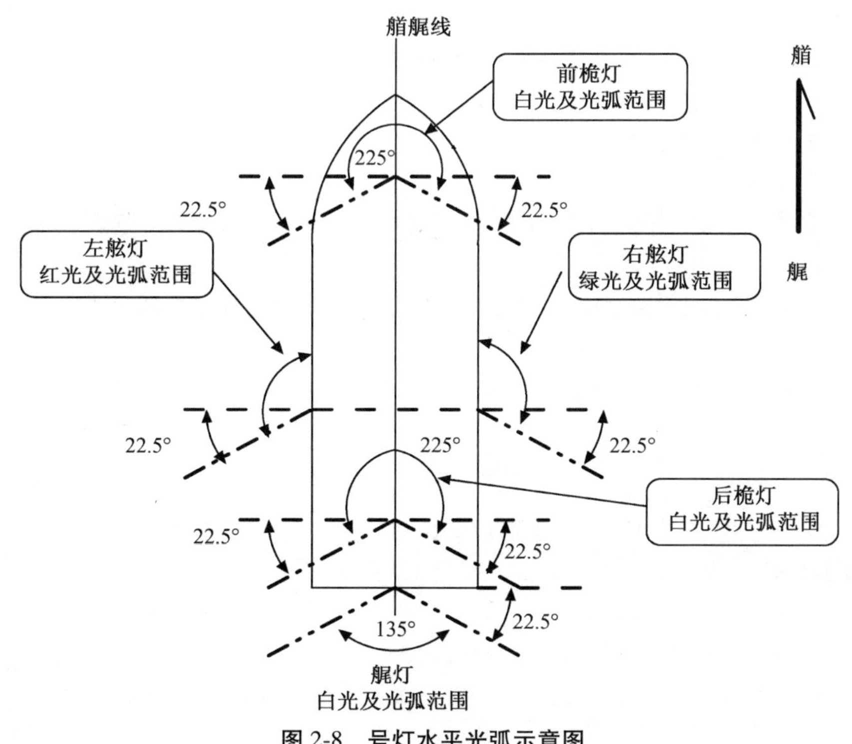

图 2-8　号灯水平光弧示意图

(1)桅灯

桅灯(Masthead Light)是指安置在船的艏艉中心线上方的白灯,在225°的水平弧内显示不间断的灯光,其装置要使灯光从船的正前方到每一舷正横后22.5°范围内显示。

①安装位置:艏艉中心线上方。

②灯光颜色:白光。

③水平光弧:从船舶正前方起至正横后22.5°,水平弧度总范围为225°。

(2)舷灯

舷灯(Sidelights)是指右舷的绿灯和左舷的红灯,各在112.5°的水平弧内显示不间断的灯光,其装置要使灯光从船的正前方到任意一舷的正横后22.5°内分别显示。长度小于20 m的船舶,其舷灯可以合并成一盏,装设于艏艉中心线上。对于关键点的理解如下:

①安装位置:船舶左右舷。如长度小于20 m,舷灯可合并成一盏,安装在艏艉中心线上。

②灯光颜色:左舷灯为红光,右舷灯为绿光。

③水平光弧:光弧范围从船舶正前方开始起算,至每一舷正横后22.5°。因此左、右舷水平弧度总范围均为112.5°。

(3)艉灯

艉灯(Sternlight)是指安置在尽可能接近船尾的白灯,在135°的水平弧内显示不间断的灯光,其装置要使灯光从船的正后方到每一舷67.5°内显示。对于关键点的理解如下:

①安装位置:艏艉中心线上,尽可能设置在船尾。

②灯光颜色:白光。

③水平光弧:正横后22.5°至正后方,水平弧度总范围为135°。

(4)拖带灯

拖带灯(Towing Light)是指具有与本条(3)款所述"艉灯"相同特性的黄灯。需要时,它设置于艉灯的垂直上方。对于关键点的理解如下:

①安装位置:艉灯垂直上方。

②灯光颜色:黄光。

③水平光弧:与"艉灯"相同特性,即正横后22.5°至正后方,弧度总范围为135°。

(5)环照灯

环照灯(All-round Light)是指在360°的水平弧内显示不间断灯光的号灯。

(6)闪光灯

闪光灯(Flashing Light)是指每隔一定时间以每分钟120次或120次以上的频率闪光的号灯。

2. 号灯的能见距离

本规则条款规定的号灯,应具有规则规定的发光强度,最小能见距离因船舶长度不同而异,具体如表2-1所示。

表 2-1 号灯的能见距离

号灯类型	灯色	水平光弧	船舶总长度 L（单位 m）			
			$L \geqslant 50$ m	50 m$> L \geqslant 20$ m	20 m$> L \geqslant 12$ m	$L<12$ m
桅灯	白色	225°	6 n mile	5 n mile	3 n mile	2 n mile
舷灯	左红、右绿	112. 5°	3 n mile	2 n mile	2 n mile	1 n mile
艉灯	白色	135°	3 n mile	2 n mile	2 n mile	2 n mile
拖带灯	黄色	135°	3 n mile	2 n mile	2 n mile	2 n mile
环照灯	红、绿、白、黄	360°	3 n mile	2 n mile	2 n mile	2 n mile
操纵灯	白	360°	5 n mile			
闪光灯	黄	360°	对能见距离未做规定，但其闪光频率为 120 次/分钟或以上			

注：(1)表中 L 为船长。
(2)不易察觉的、部分被淹没的被拖体上要求显示的白色环照灯，能见距离为 3 n mile

3. 号型

号型亦是表征船舶状态及作业或执行任务等情形的黑色悬挂物，有时需要不同号型的组合方可表达具体的含义，主要包括球形、菱形、圆柱形和圆锥形几种，如图 2-9 所示。

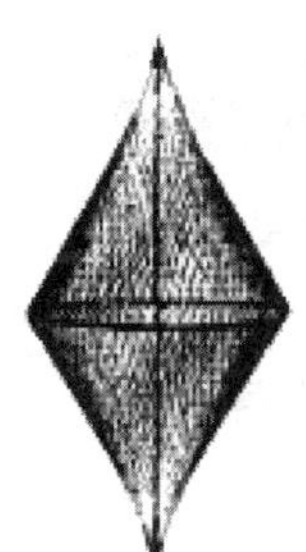

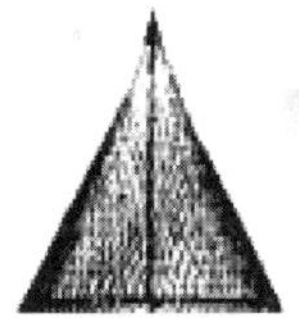

图 2-9 船舶号型

号型材质上并没有明确的规定，有尼龙编织的，也有竹制的。号型的技术参数如下：

(1)号型应是黑色的，并具有以下尺度：

①球体的直径不小于 0. 6 m；

②圆锥体的底部直径不小于 0. 6 m，其高度应与直径相同；

③圆柱体的直径至少应为 0. 6 m，其高度应为直径的两倍；

④菱形体应由两个圆锥体以底部相合组成。

(2)号型之间的垂直距离应至少为 1. 5 m。

(3)长度小于 20 m 的船舶，可用于船舶尺度相称的较小的号型，号型间距亦可相应减少。

4. 号灯与号型的适用范围

(1)各条规定在各种天气中都应遵守。

(2)有关号灯的各条规定，从日没到日出时都应遵守。在此段时间内不应显示别的灯光，但那些不会被误认为本规则条款订明的号灯，或者不会削弱号灯的能见距离或显著特性，或者不会妨碍正规瞭望的灯光除外。有关号型的各条规定，在白天都应遵守。

(3)本规则条款所规定的号灯，如已设置，也应在能见度不良的情况下从日出到日没时显示，并可在认为有必要的情况下显示。

(4)本规则条款订明的号灯和号型，应符合本规则附录一(略)的规定。

二、各类船舶的号灯、号型规定

1. *在航机动船*

(1)在航机动船应显示(图2-10)：

①在前部一盏桅灯；

②第二盏桅灯，后于并高于前桅灯；长度小于50 m的船舶，不要求显示该桅灯，但也可以这样做；

③两盏舷灯；

④一盏艉灯。

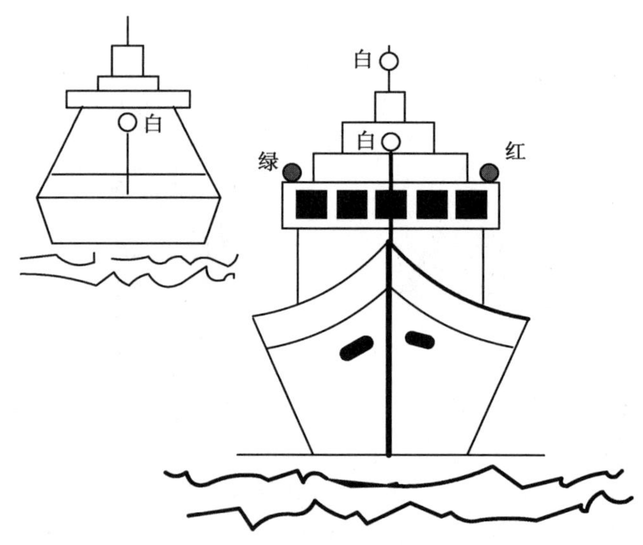

图2-10　在航机动船

(2)气垫船(图2-11)：

其在非排水状态下航行时，除按机动船显示规定的号灯外，还应显示一盏环照黄色闪光灯。

(3)地效船：

其除机动船显示规定的号灯外，只有在起飞、降落和贴近水面飞行时才应显示高亮度的环照红色闪光灯。

(4)长度小于12 m的机动船(图2-12和2-13)：

长度小于12 m的机动船，可以显示一盏环照白灯和舷灯。

(5)长度小于12 m的机动船，桅灯或环照白灯，如果不可能装设在船的艏艉中心线上(图2-13)：

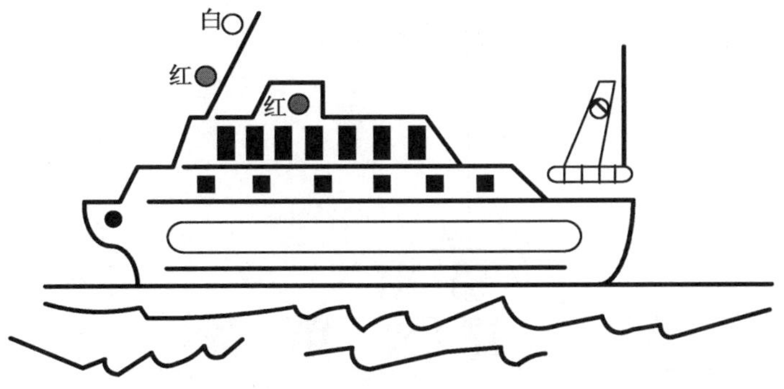

图 2-11　气垫船

图 2-12　$L<12$ m 的机动船

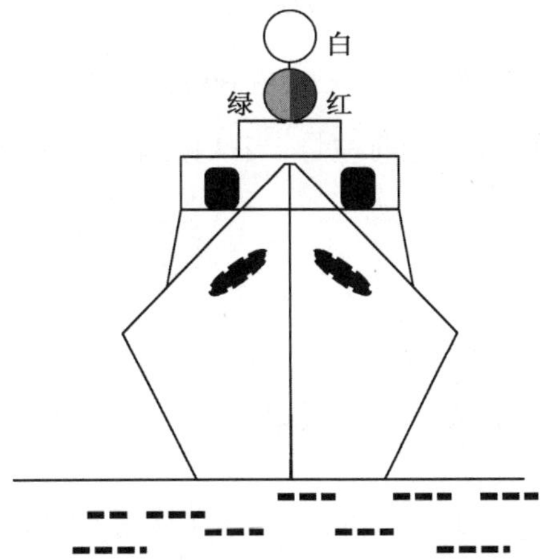

图 2-13　$L<12$ m 的机动船

桅灯或环照白灯，可以离开中心线显示，条件是其舷灯合并成一盏，并应装设在船的艏艉中心线上，或尽可能地装设在接近该桅灯或环照白灯所在的艏艉线处。

(6)长度小于 7 m 且最高速度不超过 7 kn 的机动船(图 2-14):

其可以显示一盏环照白灯,如可行,还应显示舷灯。

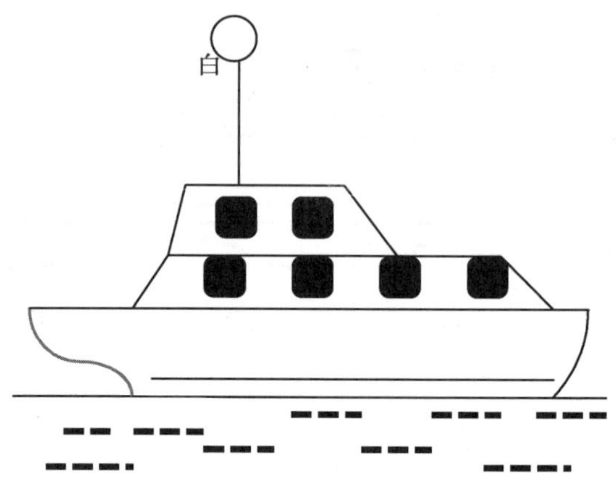

图 2-14 $L>7$ m,且 $v\leq7$ kn 机动船

2. 拖带和顶推

(1)机动船当拖带时(图 2-15)应显示:

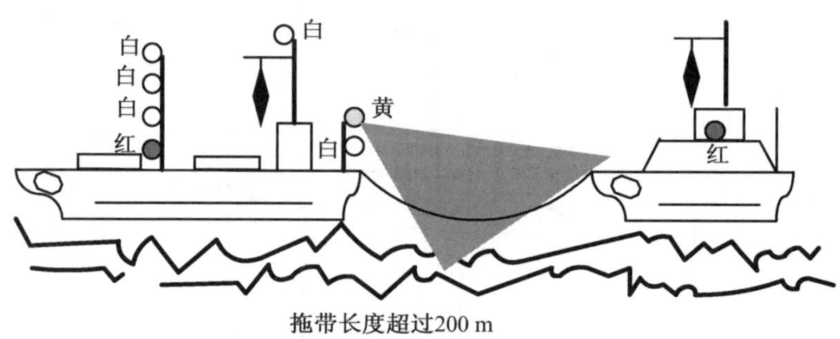

图 2-15 拖带船及被拖船(拖带长度超过 200 m)

①在前部垂直两盏桅灯,取代一盏前桅灯,当从拖船船尾至被拖体最后端的拖带长度超过 200 m 时,垂直显示三盏桅灯;

②两盏舷灯;

③一盏艉灯;

④一盏拖带灯垂直于艉灯的上方;

⑤当拖带长度超过 200 m 时,在最易见处显示一个菱形体号型;

⑥后桅灯应高于①中的前桅灯。

(2)当顶推船和被顶推船牢固地连接成为一组合体时,则应作为一艘机动船,显示规则规定的号灯。

(3)机动船作为顶推或旁拖时,除组合体外,应显示:

①在前部垂直的两盏桅灯,取代一盏前桅灯,后桅灯应高于前桅灯;

②两盏舷灯;

③一盏艉灯。

(4)被拖船或被拖物体应显示:

①两盏舷灯;

②一盏艉灯;

③当拖带长度超过 200 m 时,在最易见处显示一个菱形体号型。

(5)任何数目的船舶如作为一组被傍拖或顶推时,应作为一艘船来显示号灯:

①一艘被顶推船,但不是组合体的组成部分,应在前端显示两盏舷灯;

②一艘被傍拖的船应显示一盏艉灯,并在前端显示两盏舷灯。

(6)一艘不易觉察的、部分淹没的被拖船或物体或者这类船舶或物体的组合体应显示:

①除弹性拖曳体不需要在前端或接近前端处显示灯光外,如宽度小于 25 m,在前后两端或接近前后两端处各显示一盏环照白灯;

②如宽度为 25 m 或 25 m 以上,在两侧最宽处或接近最宽处,另加两盏环照灯;

③如长度超过 100 m,在①和②项规定的号灯之间,另加若干环照白灯,使得这些灯之间的距离不超过 100 m;

④在最后一艘被拖船或物体的末端或接近末端处,显示一个菱形体号型,如果拖带长度超过 200 m,在尽可能前部的最易见处另加一个菱形体号型。

(7)凡由于任何充分理由,被拖船舶或物体不可能显示规定的号灯时,应采取一切可能措施使被拖船舶或物体上有灯光,或者至少能表明无灯光的船舶或物体存在。

(8)凡由于任何充分理由,使得一艘通常不从事拖带作业的船不可能按本条(1)或(3)款的规定显示号灯,这种船舶在从事拖带另一艘遇险或需要救助的船时,就不要求显示这些号灯。但应采取如第三十六条所准许的一切可能措施来表明拖带船与被拖带船之间关系的性质,尤其应将拖缆照亮。

3. 在航帆船和划桨船

帆船是指任何驶帆的船舶,包括装有推进机器而不在使用者。

(1)在航帆船应显示,如图 2-16 所示:

①两盏舷灯;

②一盏艉灯。

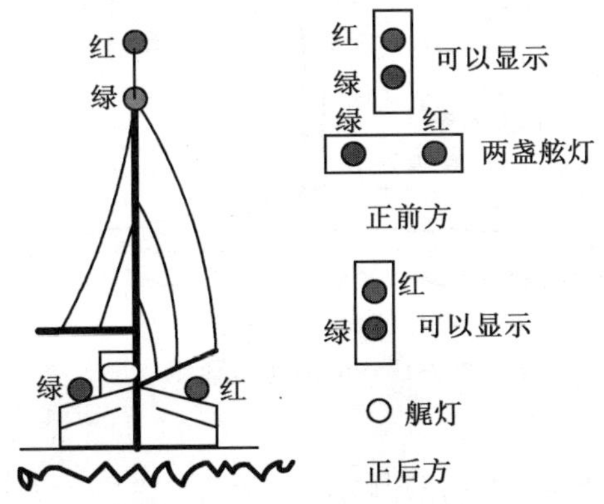

图 2-16　帆船号灯显示

(2)在长度小于 20 m 的帆船:

本条(1)款规定的号灯可以合并成一盏,装设在桅顶或接近桅顶的最易见处。

(3)在航帆船还可在桅顶或接近桅顶的最易见处,垂直显示两盏环照灯,上红下绿。但这些环照灯不应和本条(2)款所允许的合色灯同时显示。

(4)长度小于 7 m 的帆船和划桨船:

①长度小于 7 m 的帆船,如可行,应显示本条(1)或(2)款规定的号灯。但如果不这样做,则应在手边备妥发白光的电筒一个或点着的白灯一盏,及早显示,以防碰撞。

②划桨船可以显示本条为帆船规定的号灯,但如不这样做,则应在手边备妥发白光的电筒一个或点着的白灯一盏,及早显示,以防碰撞。

(5)用帆行驶同时也用机器推进的船舶,应在前部最易见处显示一个圆锥体号型,尖端向下。

4. 渔船

根据规则,渔船是从事捕鱼的船舶,即使用如网具、绳钓、拖网等,使其操纵性能受到限制的渔具从事捕鱼的任何船舶。若使用曳绳钓或其他不会使其操纵性受到限制的渔具捕鱼的船舶,则不属于规则所述的渔船。

(1)显示原则

从事捕鱼的船舶,不论在航还是锚泊,只应显示本条规定的号灯和号型。

(2)拖网作业船舶

船舶从事拖网作业,即在水中拖曳爬网或其他用作渔具的装置时,应显示(图 2-17):

①垂直两盏环照灯,上绿下白,或一个由上下垂直、尖端对接的两个圆锥体所组成的号型;长度小于 20 m 的船舶,可以显示一个篮子以取代这种号型。

②一盏桅灯,后于并高于环照绿灯;长度小于 50 m 的船舶,则不要求显示该桅灯,但也可以这样做。

③当对水移动时,除本款规定的号灯外,还应显示两盏舷灯和一盏艉灯。

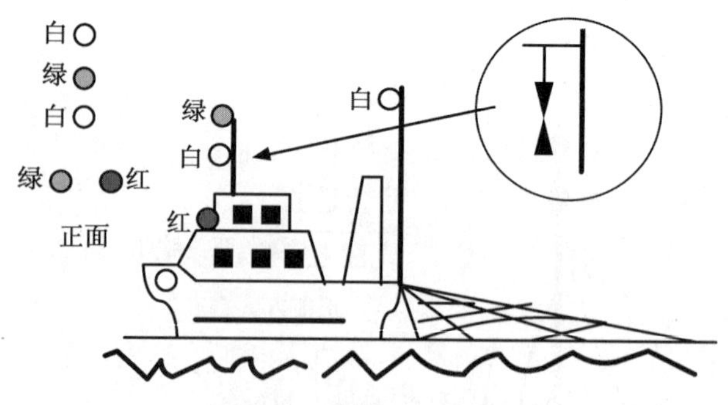

图 2-17 渔船号灯显示

(3)非拖网渔船

从事捕鱼的船舶,除拖网作业者外,应显示:

①垂直两盏环照灯,上红下白,或一个由上下垂直、尖端对接的两个圆锥体所组成的号型,如图 2-18 所示;长度小于 20 m 的船舶,可以显示一个篮子以取代这种号型。

②当有外伸渔具,其从船边伸出的水平距离大于 150 m 时,应朝着渔具的方向显示一盏环照灯或一个尖端向上的圆锥体号型,如图 2-19 所示。

③当对水移动时,除本款规定的号灯外,还应显示舷灯和一盏艉灯。

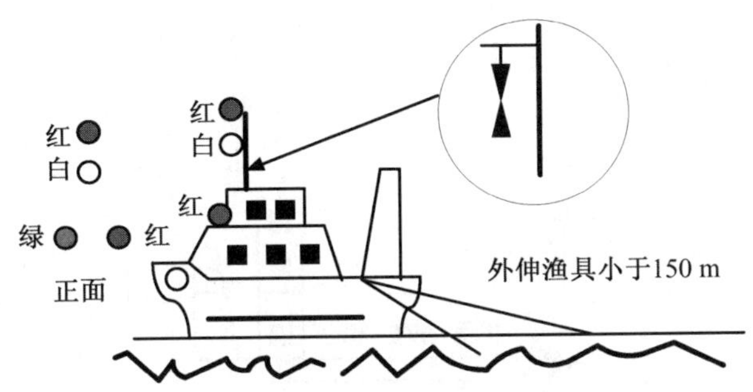

图 2-18　非拖网渔船号灯显示(外伸渔具小于 150 m)

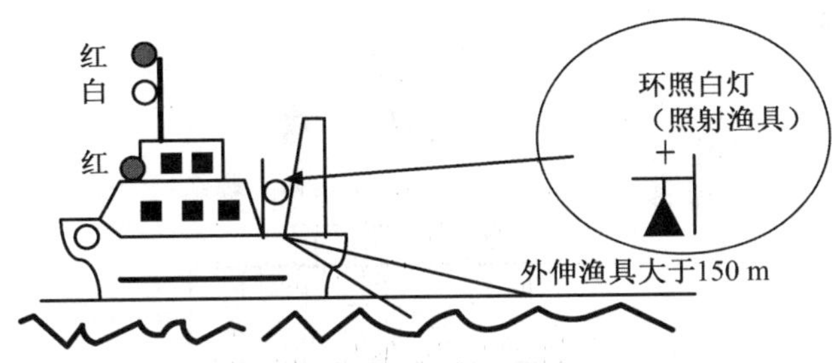

图 2-19　非拖网渔船号灯显示(外伸渔具大于 150 m)

(4)在邻近其他从事捕鱼船舶处从事捕鱼的船舶可以显示本规则附录二(略)所述的额外信号。

(5)船舶不从事捕鱼的不应显示本条规定的号灯或号型,但应显示为其同样长度的船舶所规定的号灯或号型。

5. 失去控制或操纵能力受到限制的船舶

(1)失去控制的船舶(图 2-20):

①在最易见处,垂直两盏环照红灯;

②在最易见处,垂直两个球体或类似的号型;

③当对水移动时,除本款规定的号灯外,还应显示两盏舷灯和一盏艉灯。

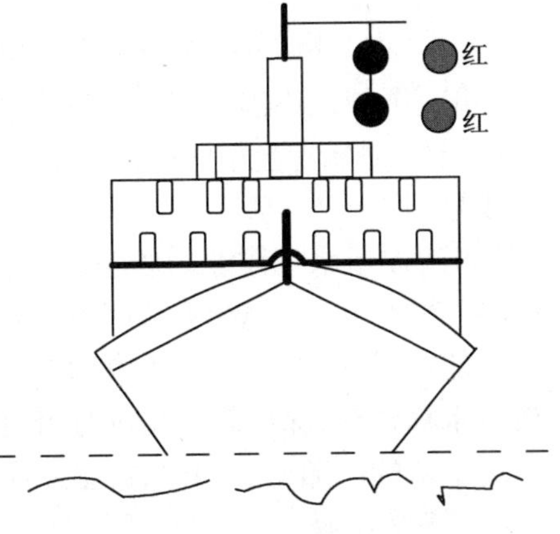

图 2-20　失去控制的船舶

(2)除扫雷船以外的操纵能力受限的船舶(图 2-21 和图 2-22):

①垂直三盏环照灯,依次为红、白、红;若对水移动,还应显示桅灯、舷灯和艉灯;

②垂直三个号型,依次为球体、菱形体、球体;

③当锚泊时，除显示①和②规定的号灯或号型外，还应显示锚泊船规定号灯和号型，即还应显示一盏或两盏号灯或一个号型。

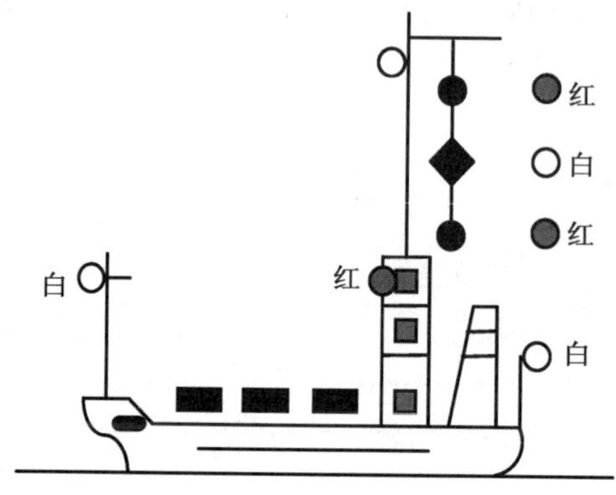

图 2-21　操纵能力受到限制的船舶（扫雷船除外）

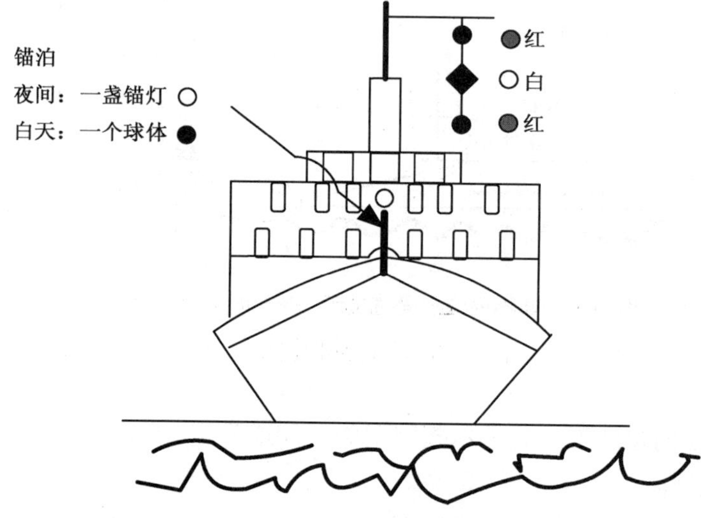

图 2-22　除扫雷船以外的操纵能力受到限制的船舶（锚泊）

（3）从事一项使之不能偏离其航向的拖带作业的船舶：

除扫雷船外的操纵能力受限船舶规定的号灯或号型外，还应按照机动船当拖带时，显示规定的号灯或号型。

（4）从事疏浚或水下作业的船舶，当其操纵能力受到限制时（图 2-23）：

①在障碍物存在的一舷，垂直两盏环照灯或两个球体；

②在他船可以通过的一舷，垂直两盏环照绿灯或两个菱形体；

③当对水移动时，除本款规定的号灯外，另应显示桅灯、舷灯和艉灯；

④适用本款的船舶当锚泊时，应显示①和②项规定的号灯或号型。

（5）从事潜水作业

如其船舶尺度使之不可能显示本条（4）款规定的号型，应显示一个国际信号“A”的硬质复制品，其高度不小于 1 m，并应采取措施以保证周围都能见到。

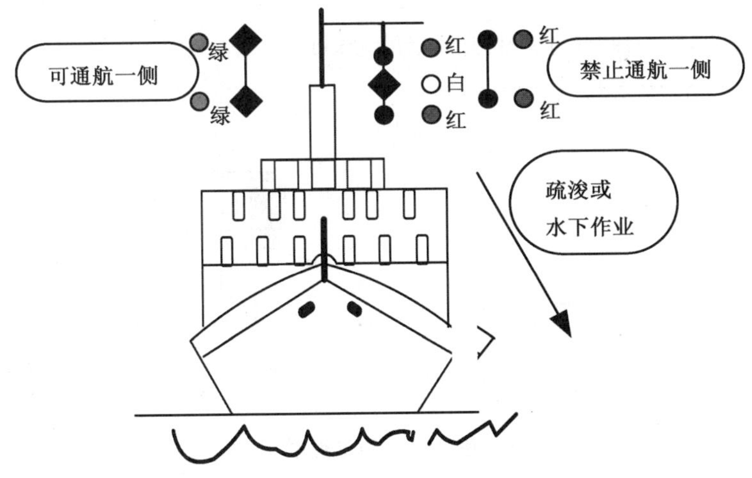

图 2-23　从事疏浚或水下作业船舶

(6)扫雷船舶

从事扫雷作业的船舶，除按机动船显示规定的号灯外，还应在前桅桅顶或接近前桅桅顶处显示三盏环照绿灯或三个球体中的一种，其余应在前桅桁两端各显示一个。意在向驶近的船舶发出警示“扫雷船的后方 1 000 m 以内或任何一舷 500 m 以内是危险的”。

(7)其他

①长度小于 7 m 的船舶，不要求显示本条规定的号灯。

②本条规定的信号不是船舶遇险求救的信号。

6. 限于吃水的船舶

限于吃水的船舶，除第二十三条为机动船规定的号灯外，还可在最易见处垂直显示三盏环照红灯，或者一个圆柱体(图 2-24)。

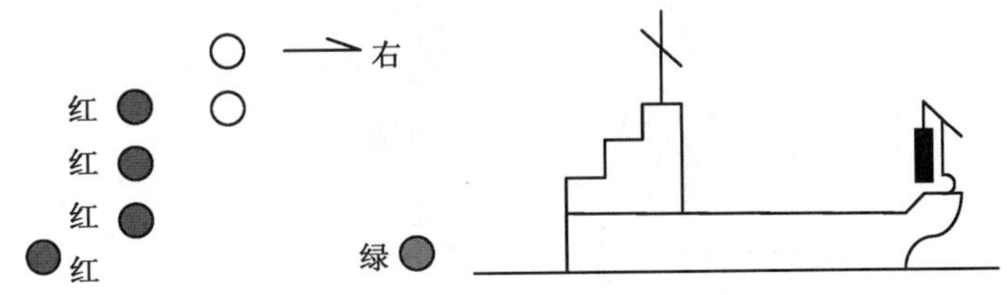

图 2-24　限于吃水的船舶

7. 引航船舶

引航船舶显示如图 2-25 所示。

(1)执行任务时

①无论在航与否，均应在桅顶或接近桅顶处，垂直两盏环照灯，上白下红；

②当在航时，外加舷灯和艉灯；

③当锚泊时，外加显示一盏或两盏锚灯或一个号型。

(2)不执行任务时

其应显示与其同样长度的同类船舶规定的号灯或号型。

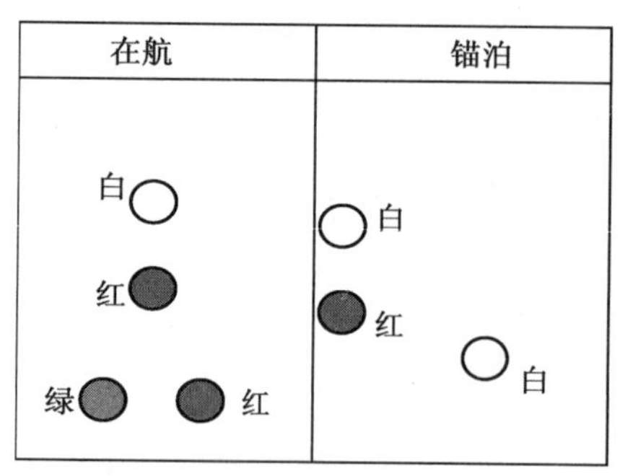

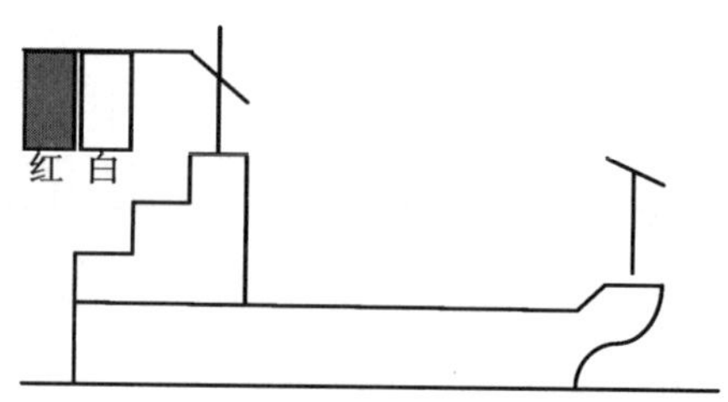

图 2-25　引航船舶

8. 锚泊船舶和搁浅船舶

(1)锚泊船舶(图 2-26)

锚泊是指使用船舶自身的锚和锚链,将船舶和海底牢固连接在一起的状态,一般是自锚抛下至起锚时锚离海底为止。锚泊是船舶不在航的状态之一。锚泊中的船舶,应在最易见之处显示规定的号灯与号型:

①在船的前部,一盏环照白灯或一个球体;

②在船尾或接近船尾处,一盏环照白灯;

③长度小于 50 m 的船舶,可以在最易见处显示一盏环照白灯;

④锚泊中的船舶,还可以使用现有的工作灯或同等的灯照明甲板,而长度为 100 m 及以上的船舶应当使用这类灯。

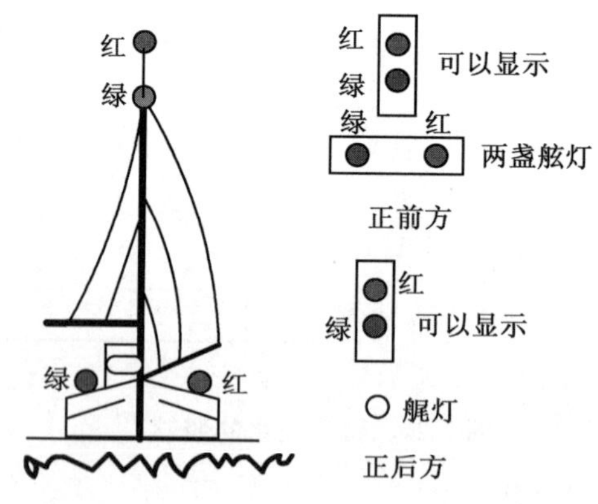

图 2-26　锚泊船舶

(2)搁浅的船舶(图 2-27)

搁浅是指因浮力全部或部分丧失,致使船舶全部或部分搁置在浅滩上,其局部可能会移动或转动。搁浅船舶应按照锚泊船舶,显示规定的号灯与号型外,还应在最易见处增加显示:

①垂直两盏环照红灯;

②垂直三个球体。

(3)其他

长度小于 7 m 的船舶,不得在狭水道、航道、锚地或其他船舶通常航行的水域中或其附近锚泊搁浅时,免于显示号灯或号型。

图 2-27　搁浅船舶锚泊时增加显示

9. 水上飞机

当水上飞机不可能显示按本节各条规定的各种特性或位置的号灯和号型时,则应显示尽可能近似于这种特性和位置的号灯和号型。

第三节　声响与灯光信号

船舶声响与灯光信号和船舶号灯与号型一样,可以表明船舶的存在、大小、种类及动态,还可以表明其行动意图,亦可表示对来船操纵意图和行动的怀疑、提醒及警告;特别是在能见度不良时,可为未配置雷达设备或雷达设备故障的船舶提供有效的避让信息。

一、声号设备、声响和灯光信号的规定

1. 基本概念

(1)声号设备

声号设备主要包括号笛、号钟和号锣等能发出声响的设备,其中:

号笛是指能够发出规定笛声,并符合《1972 年国际海上避碰规则》规定的任何声响信号的器具。

"短声"是指历时约 1 s 的笛声;

"长声"是指历时 4~6 s 的笛声;

一组声号两个笛声的间隔时间约为 1 s,组与组声号之间的时间间隔不少于 10 s。

(2)声响

除(1)外的其他能发出声响的设备,包括爆竹等爆炸性信号。

(3)灯光信号

灯光信号包括"闪光"与"闪光灯",它们是不同的概念。"闪光灯"是指每隔一定时间,频率为 120 次/分钟及以上闪光的号灯。而"闪光"是指每闪历时应约 1 s,闪光之间的间隔应约 1 s,前后信号的间隔应不少于 10 s,它主要作为操纵和警示辅助用的信号。

2. 基本要求

（1）号锣的音调和声音不可与号钟的相混淆；

（2）号笛、号钟和号锣应符合本规则附录三（略）所载规格；

（3）号钟、号锣或两者可用与其各自声音特性相同的其他设备代替，只要这些设备随时能以手动鸣放规定的声号（如雾角和手摇铃等）；

（4）以号笛发出的雾号的时间间隔不超过 2 min，号钟和号锣的时间间隔不超过 1 min。

3. 配备要求

声号设备主要依据船舶的长度进行配置，如表 2-2 所示。

表 2-2　声号设备的配备要求一览表

声号种类 船舶长度	号笛	号钟	号锣
船长≥100 m	1 个	1 个	1 面
20 m≤船长<100 m	1 个	1 个	—
12 m≤船长<20 m	1 个	—	—
船长<12 m	不做要求，但应配置能够鸣放有效声号间隔不超过 2 min 的其他设备		

二、操纵和警告信号、招引注意的信号

操纵和警告信号如表 2-3 所示。

表 2-3　操纵和警告信号

适用时机	信号种类	适用船舶	使用时机	信号特征	信号意义
互见中	操纵信号	在航机动船	按本规则条款准许或要求进行操纵时	·（*）	我船正在向右转向
				· ·（* *）	我船正在向左转向
				· · ·（* * *）	我船正在向后推进
	追越信号	任何在航船舶	在狭水道或航道内	— — ·	我船企图从你船的右舷追越
				— — · ·	我船企图从你船的左舷追越
				— · — ·	同意他船追越
	怀疑与警告信号	任何船舶	无法了解他船的意图或行动，或者怀疑他船是否正在采取足够的行动时	至少 · · · · · · ·（* * * * *）	无法了解他船的意图或行动，或者怀疑他船是否正在采取足够的行动以避免碰撞

（续表）

适用时机	信号种类	适用船舶	使用时机	信号特征	信号意义
非互见中	招引信号	任何船舶	驶近可能有其他船舶被居间障碍物遮蔽的水道或航道的弯头或地段时	—	提醒他船注意，在弯头或居间障碍物的另一面有船正在驶近，并警告他船注意
			弯头另一面或居间障碍物后的来船听到声号时	—	表明其已获悉在弯头或居间障碍物的另一面有船正在驶近
注：1. 声号用号笛发出，灯号用操纵号灯发出； 2. 符号“·”表示一短声，“—”表示一长声，“*”表示一次闪光					

1. 操纵信号

（1）在航机动船互见中的操纵声号

互见中的在航机动船，按本规则准许或要求进行操纵时，应用号笛发出下列声号表明其动态：

一短声：表示“我船正在向右转向”。

二短声：表示“我船正在向左转向”。

三短声：表明“我船正在向后推进”。

（2）任何船舶的“闪光”信号补充

在操作过程中，任何船舶均可用灯号补充规定的笛号，这种灯号可根据情况予以重复。

①闪光应具有以下意义：

一闪：表示“我船正在向右转向”。

二闪：表示“我船正在向左转向”。

三闪：表明“我船正在向后推进”。

②每闪历时应 1 s，各闪之间的间隔应约 1 s，前后信号的间隔应不少于 10 s；如设有用作信号的号灯，则应是一盏环照白灯，其能见距离至少为 5 n mile。

（3）适用范围及注意事项

①适用于互见中；

②适用的船舶是在航的机动船，若机动船不在航，则不能鸣放；

③只有按规则准许或要求进行操纵时，才能鸣放；

④操纵声号不应重复鸣放。

2. 追越信号

在狭水道或航道内互见的两船，当后船企图追越前船，需要前船采取相应的行动时。

（1）追越船

一艘企图追越他船的船舶，应以号笛发出下列声号表示其意图：

二长声继以一短声：表示“我船企图从你船的右舷追越”。

二长声继以二短声：表示“我船企图从你船的左舷追越”。

(2)被追越船

将要被追越的船舶，应以号笛依次发出“一长、一短、一长、一短声”，表示同意追越。

(3)适用范围及注意事项

①在狭水道或航道内，且为互见中的任何船舶。

②只有在前船必须采取行动才能安全通过时，才使用该声号；但也有认为，无论是否必须前船采取行动，追越船鸣放相应的追越声号，是一种优良船艺的表现。

③追越声号表示追越的企图，是在征求前船的同意，因此应在追越前鸣放。

④被追越船如同意，则应鸣放规定的声号，并且应采取相应的行动。若不同意后船追越，可不鸣放声号。

⑤若被追越船不同意追越，而追越船强行追越，被追越船可鸣放警告声号。

⑥在狭水道或航道内，不管当时情况如何，企图追越前船的船舶，鸣放相应的追越声号，被认为是一种优良船艺的表现。

3. 警告信号

(1)对来船的操纵表示怀疑

当互见中船舶正在互相驶近，并且不论由于何种原因，任何一船无法了解他船的意图行动，或者怀疑他船是否正在采取足够的行动以避免碰撞时，存在怀疑的船应立即鸣放至少五声短而急的号笛，以表示这种怀疑。该声号可以用至少五次短而急的闪光来补充。

(2)遮蔽或弯头航道或地段的警告

船舶在驶近可能被居间的障碍物遮蔽他船的水道或航道的弯头或地段时，应鸣放一长声。该声号应由弯头另一面或居间障碍物后方可能听到它的任何来船回答一长声。

(3)其他

如船上所装几个号笛，其间距大于 100 m，则只应使用一个号笛鸣放操纵和警告声号。

4. 招引注意信号

如有必要引起他船注意，任何船舶可以发出灯光或声响信号，但这种信号应不致被误认为本规则其他各条所准许的任何信号，或者可用不致妨碍任何船舶的方式把探照灯光的光束朝着危险的方向。

三、能见度不良时使用的声号

在能见度不良的水域或其附近时，不论日间还是夜间，本条规定的声号应使用如下：

1. 在航机动船

(1)对水移动时

应以每次不超过 2 min 的间隔鸣放一长声。

(2)已停车，且不对水移动时

在航机动船在航但已停车并且不对水移动时，应以每次不超过 2 min 的间隔连续鸣放二长声，二长声间隔约 2 s。

2. 失去控制的船舶、操纵能力受到限制的船舶、限于吃水的船舶、帆船、从事捕鱼的船舶,以及从事拖带或顶推他船的船舶

它们应以每次不超过 2 min 的间隔连续鸣放三声,即一长声继以二短声。

3. 被拖船

一艘被拖船或者多艘被拖船的最后一艘,如配有船员,应以每次不超过 2 min 的间隔连续鸣放四声,即一长声继以三短声。当可行时,这种声号应在拖船鸣放声之后立即鸣放。

4. 顶推船

当一顶推船和一被顶推船牢固地连接成为一个组合体时,应作为一艘机动船,鸣放相应的声号。

5. 锚泊中的船舶

(1)应以每次不超过 1 min 的间隔急敲号钟约 5 s。

(2)长度为 100 m 及以上的船舶,应在船的前部敲打号钟,并应在紧接钟声之后,在船的后部急敲号锣约 5 s。

(3)锚泊中的船舶,还可以连续鸣放三声,即一短、一长和一短声,以警告驶近的船舶注意本船位置和碰撞的可能性。

6. 搁浅的船舶

应鸣放规定锚泊中的船舶应鸣放的钟号,如有要求,应加发锣号。此外,还应在紧接急敲号钟之前和之后各敲打分隔而清晰的号钟三下。搁浅的船舶还可以鸣放合适的笛号。

7. 长度小于 12 m 的船舶

不要求鸣放上述声号,但是如果不鸣放上述声号,则应以每次不超过 2 min 的间隔,鸣放其他有效的声号。

因此,对于长度小于 12 m 的船,不是不鸣放声号,而是对它鸣放的声号,不做强制性要求。如果无法鸣放上述的声号,则应鸣放其他有效的声号。

8. 引航船执行引航任务时

除按锚泊船、在航船和搁浅船规定的声号鸣放外,还可以鸣放由四短声组成的识别声号。

四、遇险信号的识别和使用

1. 遇险信号的识别

(1)下列信号,不论是一起或分别使用或显示,均表示遇险需要救助:

①每隔 1 min 鸣炮或燃放其他爆炸信号一次;

②以任何雾号器具连续发声;

③以短的间隔,每次鸣放一个抛射红星的火箭或信号弹;

④无线电报或任何其他通信方法发出莫尔斯码“· · · — · · ·”(SOS)的信号;

⑤无线电话发出“MAYDAY”语言的信号;

⑥《国际简语信号规则》中表示遇险的信号 N. C. ;

⑦由一面方旗放在一个球体或任何类似球形的上方或下方所组成的信号;

⑧船上的火焰(如从燃着的柏油桶、油桶等发出的火焰);

⑨火箭降落伞或手持式的红色闪耀火光;

⑩放出橙色烟雾的烟雾信号;

⑪两臂侧伸,缓慢而重复地上下摆动;

⑫无线电报报警信号;

⑬无线电话报警信号;

⑭由无线电应急示位标发出的信号;

⑮无线电通信系统发出的经认可的信号,包括救生艇、筏雷达应答器。

(2)应注意《国际信号规则》的有关部分、《商船搜寻和救助手册》以及下述的信号:

①一张橙色帆布上带有一个黑色正方形和圆圈或者其他合适的符号(供空中识别);

②海水染色标志。

2. 使用方法

(1)可分别或一起使用;

(2)遇险信号不论是一起或分别使用或显示,均表示遇险需要救助;

(3)除为表示遇险需要救助,禁止使用或显示遇险信号,及可能与遇险信号相混淆的其他信号。

第四节　渔船作业避让暂行条例

《渔船作业避让暂行条例》(以下简称《条例》)[中华人民共和国农牧渔业部令〔83〕农(管)字28号],于1983年9月20日农牧渔业部发布,自1984年10月1日起实施。后经农业部根据《国务院办公厅关于开展行政法规规章清理工作的通知》(国办发〔2007〕12号),对新中国成立以来发布的规章进行全面清理时,进行了修订。修订结果对原《条例》并没有实质性的变动,修订内容仅为:

(1)将名称修改为《渔船作业避让暂行规定》(以下简称《规定》);

(2)将原全文中的"本条例"修改为"本规定",共十三处。

此次清理结果于2007年10月30日通过农业部第13次常务会议审议。2007年11月8日,经《中华人民共和国农业部令》第6号令公布,同日起实施。《规定》分八章五十三条。

一、总则

1. 适用对象

本规定适用于我国正在从事海上捕捞的船舶,对非正在从事海上捕捞的渔船不适用。所指的避让行动,包括避让船舶及其渔具。

2. 适用权限

适用对象必须严格遵守本规定,但本规定并不妨碍:

（1）从事各种捕捞作业的船舶严格遵行《1972 年国际海上避碰规则》；

（2）有关主管机关制定的渔业法规的实行；

（3）不免除任何从事捕捞作业中的船舶或当事船长、船员、船舶所属单位对执行本规定各条的任何疏忽而产生的各种后果应担负的责任。

3. 解释权

本规定的解释权属于中华人民共和国农牧渔业部。

二、通则

本节适用于互见中的渔船。

1. 避让优先等级

（1）拖网渔船应给从事定置渔具捕捞的渔船、漂流渔船、围网渔船让路。

（2）围网渔船和漂流渔船应避让从事定置渔具捕捞的渔船。

（3）各类渔船在放网过程中，后放网的船应避让先放网的船，并不得妨碍其正常作业。

（4）正常作业的渔船，应避让作业中发生故障的渔船。

2. 避让

（1）安全距离

各类渔船在起、放渔具过程中，以及按本规定采取避让措施时，应与被让路渔船及其渔具保持一定的安全距离。决定安全距离时，应充分考虑如下因素：

①船舶的操纵性能；

②渔具尺度及其作业状况；

③渔场的风、流、水深、障碍物及能见度等情况；

④周围船舶的动态及其密集程度。

（2）避让行为

①任何船舶在经过起网中的围网渔船附近时，严禁触及网具或从起网船与带围船之间通过。

②让路船舶应距光诱渔船 500 m 以外通过，并不得在该距离之内锚泊或有其他有碍于该船光诱效果的行动。

③围网渔船在放网时，应不妨碍漂流渔船或拖网渔船的正常作业。

④漂流渔船在放出渔具时，应尽可能离开当时拖网渔船集中作业的渔场。

⑤从事定置渔具作业的渔船在放置渔具时，应不妨碍其他从事捕捞船舶的正常作业。

三、拖网渔船之间的避让责任和行动

本条适用于互见中的围网渔船。

（1）追越渔船应给被追越渔船让路，并不得抢占被追越渔船网档的正前方而妨碍其作业。

（2）机动拖网渔船应给非机动拖网渔船让路。

（3）多对渔船在相对拖网作业相遇时，如一方或双方两侧都有同向平行拖网中的渔船，转向避让确有困难，双方应及时缩小网档或采取其他有效的措施，谨慎地从对方网档的外侧通过，直到双方的网具让清为止。

（4）交叉相遇时：

①应给本船右舷的另一方船让路；

②当让路船不能按上款规定让路时，应预先用声号联系，以取得协调一致的避让行动；

③如被让路船是对拖网船，被让路船应适当考虑到让路船的困难，尽量做到协同避让，必要时尽可能缩小网档，加速通过让路船网档的前方海区。

（5）采取大角度转向的拖网中渔船，不得妨碍附近渔船的正常作业。

（6）不得在拖网渔船的网档正前方放网、抛锚或有其他妨碍该渔船正常作业的行动。

（7）多艘单拖网渔船在同向并列拖网中，两船间应保持一定的安全距离。

（8）放网中渔船，应给拖网中或起网中的渔船让路。

（9）拖网中渔船，应给起网中渔船让路。同时起网船，应给正在从事卡包（分吊）起鱼的渔船让路。

（10）准备起网的渔船，应在起网前 10 min 显示起网信号，夜间应同时开亮甲板工作灯，以引起周围船舶的注意。

四、围网渔船之间的避让责任和行动

本条适用于互见中的拖网渔船。

（1）船组在灯诱鱼群时，后下灯的船组与先下灯的船组间的距离应不少于 1 000 m。

（2）围网渔船不得抢围他船用鱼群指示标（灯）所指示的、准备围捕的鱼群。

（3）在追捕同一起水鱼群时，只要有一船已开始放网，他船不得有妨碍该放网船正常作业的行动。

（4）围网渔船在起网过程中：

①底纲已绞起的船应尽可能避让底纲未绞起的船；

②同是底纲已绞起的船，有带围的船应避让无带围的船；

③起（捞）鱼的船应避让正在绞（吊）网的船。

（5）船组在灯诱时，“拖灯诱鱼”的船应避让“漂灯诱鱼”和“锚泊灯诱”的船。

五、漂流渔船之间的避让责任和行动

本条适用于互见中的漂流渔船。

（1）漂流渔船在放出渔具时应与同类船保持一定的安全距离，并尽可能做到同向作业。

（2）当双方的渔具有可能发生纠缠时，各应主动起网，或采取其他有效措施，互相避开。

六、能见度不良时的行动规则

（1）各类渔船在放网前应充分掌握周围船舶的动态，并结合气象与海况谨慎操作。

（2）及时启用雷达，判断有无存在使我方或他方的船舶和渔具遭受损坏的危险，并采取合理的避让措施。

（3）拖网渔船在放网时，应采取安全航速。

(4)拖网渔船在拖网中,应适当地缩小网档。

(5)拖网渔船在拖网中发现与他船网档互相穿插时,应立即停车,同时发出声号一短一长二短声(·—··),通知对方立即停车,并采取有效措施,直到双方互不影响拖网作业时为止。

(6)各类渔船除显示规定的号灯外,还可以开亮工作灯或探照灯。

七、号灯、号型和灯光信号

(1)船组在起网过程中,当带围船拖带起网船时,应显示从事围网作业渔船的号灯、号型,当有他船临近时,可向拖缆方向照射探照灯。

(2)围网渔船在拖带灯船或舢板进行探测、搜索或追捕鱼群的过程中,应显示拖带船的号灯、号型;当开始放网时,应显示捕鱼作业中所规定的号灯和号型。

(3)灯诱中的围网渔船应按《1972 年国际海上避碰规则》显示捕鱼作业中的号灯。

(4)下列船舶应显示在航船的号灯:

①未拖带灯船的围网船在航测鱼群时;

②对拖渔船中等待他船起网的另一艘船;

③其他脱离渔具的漂流中的船舶。

(5)停靠在围网渔船网圈旁或在围网渔船旁直接从网中起(捞)鱼的运输船舶,应显示围网渔船的号灯、号型。

(6)运输船靠在拖网中的渔船时,应按《1972 年国际海上避碰规则》显示“操纵能力受到限制的船舶”的号灯、号型。

(7)围网渔船在夜间放网时:

①网圈上应显示五只以上间距相等的白色闪光灯。

②如不能按本条①款规定显示信号,应采取一切可能措施,使网圈上有灯光或至少能表明该网圈的存在。

(8)漂流渔船除显示《1972 年国际海上避碰规则》有关号灯、号型外,还应在渔具上显示下列信号:

日间:每隔不大于 500 m 的间距,显示顶端有红色三角旗的标志一面;其远离船的一端,应垂直显示红色三角旗两面。

夜间:每隔不大于 1 000 m 的间距,显示白色灯一盏,在远离船的一端显示红色灯一盏。上述灯光的视距应不少于 0.5 n mile。

本章思考题

1. 安全航速的具体含义是什么?在决定安全航速时,应考虑哪些因素?

2. 简述船舶会遇的三种主要方式及主要特点。

3. 能见度不良情形下,船舶安全航行有哪些行动准则和注意事项?

4. 根据《1972 年国际海上避碰规则》,简述号灯与号型的适用范围以及船舶号灯能见距离。

5. 根据《1972 年国际海上避碰规则》，在航机动船、锚泊船舶和搁浅船舶，应显示怎样的号灯？

6.《1972 年国际海上避碰规则》对在航机动船互见的操纵声号有哪些规定？

7. 能见度不良情形下，搁浅船舶和在航机动船各应鸣放的声号是什么？

8. 为表明需要救助，遇险船舶应鸣放或显示哪些信号？

9. 根据《渔船作业避让暂行规定》，简要回答渔船避让优先等级是什么。

10. 根据《渔船作业避让暂行规定》，简述号灯、号型和灯光信号的具体规定。

第三章　渔船驾驶

第一节　航海基础知识

坐标是用来确定平面上或空间中某点位置的有次序的一个或一组数。地理坐标则是建立在地球椭圆体表面上，主要用来确定海上航行船舶的位置、航向和航程的坐标。地理坐标包括基本点、线、圈，如椭圆短轴 P_NP_S、地极（earth pole）、赤道平面、赤道 QQ'（equator）、子午圈平面、子午圈（meridian）、子午线或经线（meridian line）、纬度圈平面和纬度圈（parallel of latitude）等。

一、地理坐标

1. 基本点、线、圈

（1）地轴

如图 3-1 所示，地球的自转轴（P_NP_S），称为地轴。

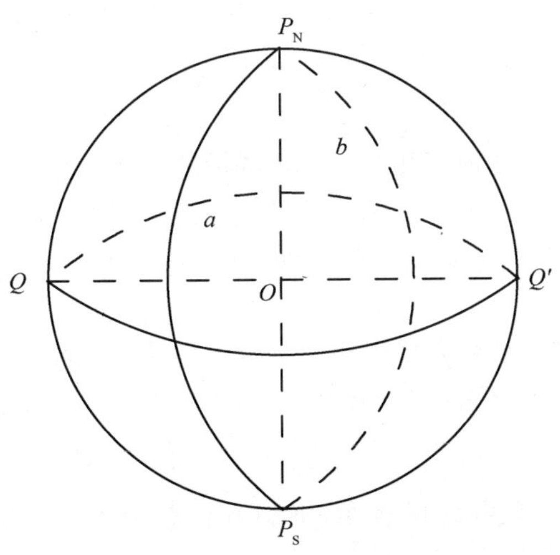

图 3-1　地轴

（2）地极

地轴与地球表面相交的两点，叫地极。其中南极是南端与地面的交点，位于南极大陆中部，其纬度是 90°S，是所有经线的共同交点之一；北极是地轴的北端与地面的交点，位于北冰洋中，其纬度是 90°N，是所有经线的共同交点之一。

（3）基准圈——赤道和格林子午线

如图 3-2 所示，通过地心且与地轴垂直的平面，与地球表面相交的大圆（QQ'）叫赤道。通过地心与赤道垂直的平面，和地球表面相交的大圆叫子午圈，如 P_NQP_SQ'。其中通过英国伦敦格林尼治天文台旧址的经线（P_NGP_S），叫格林子午线，也称为本初子午线。

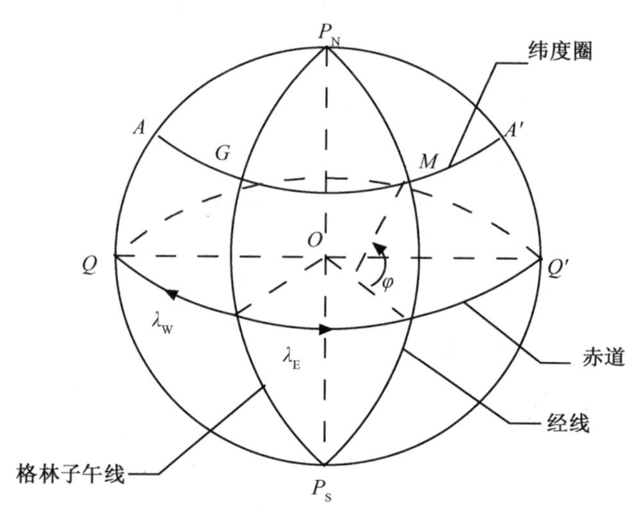

图 3-2 基准圈

（4）纬圈

平行于赤道的平面，与地球表面相交的一系列圆圈，叫纬圈，也称为纬度圈。如图 3-2 中的纬度圈 $AGMA'$ 所示。

2. 基本概念

航海上，常采用地理经度和地理纬度来表示物标的位置。

地理经度简称经度，是地面上某点的格林经线与该点子午线（也称为“经线”）在赤道上所夹的劣弧长。如图 3-2 中的 A 点的子午线 P_NAP_S 与格林经线子午线 P_NGP_S 在赤道所夹的劣弧长 λ_W。

地理纬度简称纬度，是地球椭圆子午线上某点的法线与赤道面的夹角。如图 3-2 所示，地球表面 M 点的地理经度为经 M 点子午线的法线与赤道平面的夹角 φ。

3. 表示方法

船舶的地理位置采用纬度和经度表示，赤道和格林子午线分别是地理经度和纬度的起算点。

（1）纬度表示方法

纬度（Latitude，简写为“Lat”；也有标记为“φ”）是以赤道为起点，沿着子午线，向南或向北度量,以“S”和“N”分别表示纬度的方向,即向南为南纬(S),向北为北纬(N)。赤道处的纬度为00°,纬度以两位阿拉伯数字加方向“N”和“S”表示,数值处于00°~90°范围。如85°S、60°N。

同一纬圈上,纬度处处相同。如图3-2图中 *A* 、*G* 和 *M* 点的纬度相同。

(2)经度表示方法

经度(Longitude,简写为“Long”;也有标记为“ λ ”)是以格林子午线为起点,沿着赤道,向东或向西度量,以“E”和“W”分别表示经度的方向,即向东则为东经(E),向西为西经(W)。格林子午线处的经度为000°,经度以三位阿拉伯数字加方向“E”或“W”表示,数值处于000°~180°范围内。如150°E、160°W。同一子午线上,经度处处相同。

$$1^\circ = 60'$$

$$1' = 60''$$

综合以上,某船舶的地理位置用地理纬度和经度来表示,为:Lat35°50.0′N　Long100°50.0′E。

4.经度差与纬度差的计算

纬度差,简称“纬差”,是指地球上两点之间或船舶位置改变前后的纬度的绝对差值,通常采用 $\Delta\varphi$ 表示,其后用N或S来表示改变后的位置位于初始位置的北或南(N或S)。计算公式为:

$$\Delta\varphi = \varphi_2 - \varphi_1 \tag{3-1}$$

经度差,简称“经差”,是指地球上两点之间或船舶位置改变前后的经度的绝对差值,通常采用 $\Delta\lambda$ 表示,其后用E或W来表示改变后的位置位于初始位置的东或西(N或S)。计算公式为:

$$\Delta\lambda = \lambda_2 - \lambda_1 \tag{3-2}$$

计算时为避免混淆,将“S”和“W”记为“-”,而将“N”和“E”记为“+”。

值得注意的是:经/纬差最大值均为180°,若经度差大于180°,需要用360°减去计算结果,并改变表示船舶位置改变的方向,即由“E或W”变换为“W或E”。

例1-1:

某船由(25°39′N,150°42′E)航行至(12°43′S,175°28′W),求两点之间的纬差和经差。

解:

$$\begin{array}{llll} \varphi_2 & 12^\circ 43'\text{S}(-) & \lambda_2 & 175^\circ 28'\text{W}(-) \\ -)\varphi_1 & 25^\circ 39'\text{N}(+) & -)\lambda_1 & 150^\circ 42'\text{E}(+) \\ \hline & \Delta\varphi = 38^\circ 22'\text{S}(-) & & \Delta\lambda = 326^\circ 10'\text{W}(-) \end{array}$$

因 $\Delta\lambda = 326^\circ 10'\text{W} > 180^\circ$,因此需进行如下换算:

$$360^\circ - 326^\circ 10' = 033^\circ 50'\text{E}(+)$$

故:纬差 $\Delta\varphi = 38^\circ 22'\text{S}$,经差 $\Delta\lambda = 033^\circ 50'\text{E}$。

二、海上方向及划分

航海上,常将地球作为一个近似椭圆体,而方向是建立在某一特定的平面,因此,了解海上方向,必须先理解确定方向的基本原理。

1. 确定方向的线与面

如图 3-3 所示，通过测者眼睛，并与测者重力方向相重合的直线（$A'AO$），叫测者铅垂线。

与测者铅垂线相垂直的平面，叫测者地平面，其中通过地心的地平平面，叫测者真地平平面，而通过测者眼睛的地平平面，叫测者地面真地平平面（平面 $ESWN$）。

通过测者铅垂线，并与测者子午圈平面（SON）垂直的平面，叫测者东西圈平面（EOW），也称为测者卯酉圈平面。

在上述平面中，测者地面真地平平面是方向确定的基本平面。测者地面真地平平面与测者子午圈平面的交线，称为南北线（SN）；测者地面真地平平面与测者东西圈平面的交线，称为东西线（EW）。

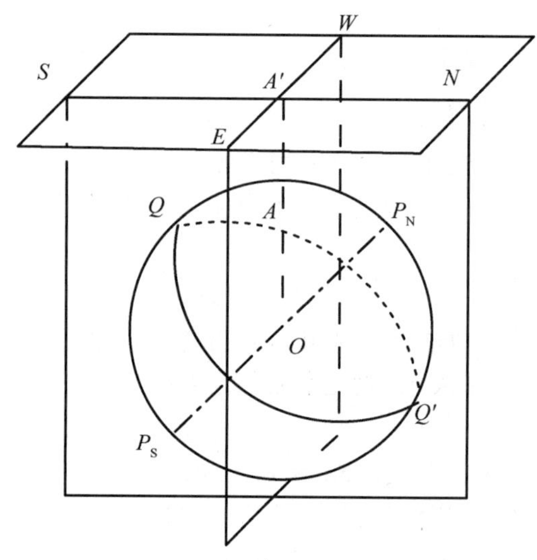

图 3-3 方向坐标

2. 方向坐标的建立

南北线两端，靠近北极一端为北（N），靠近南极一端为南（S）。面北而立，左手为西，右手为东。由此可以确定方位坐标的四个基本方向。

不同地理位置的测者，南北线和东西线是不同的。位于两极的测者无法确定北、东、南、西四个基本方向，对于北极测者而言，任意方向都是真南方向；而对于南极测者，则任意方向都是真北方向。

3. 方向的划分

仅有北、东、南、西四个基本方向，无法满足航海的实际需要。航海上，常用的方向划分方法主要有以下三种：

（1）圆周法

以正北（000°）为基准，按顺时针方向计量，通常用三位数字来表示，度量范围为 000°～360°（如图 3-4 所示）。圆周法是航海上最为常见的方向表示方法。

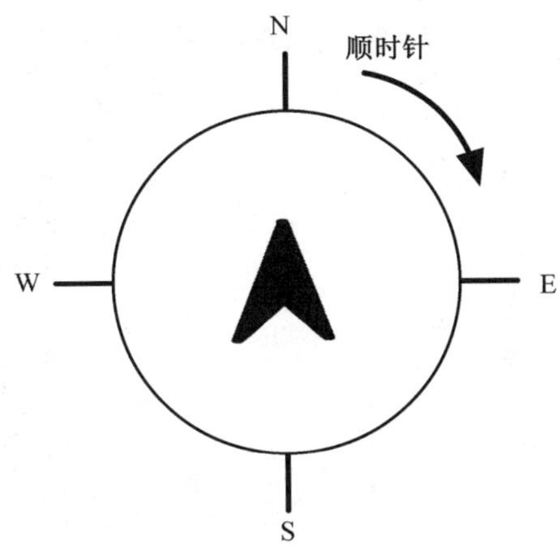

图 3-4　圆周法示意图

(2)半圆法

如图 3-5 所示,以正北或正南为基准,向东或向西分别计算,度量范围为 0°~180°。通常采用方位度数加上度量的方向,综合加以表示。如 80°SW,80°表示方向为 80°,后缀 SW 表示以 S 为基准,向 W 方向度量。

半圆法主要用在航海天文计算中,常用来表示天体的方位。

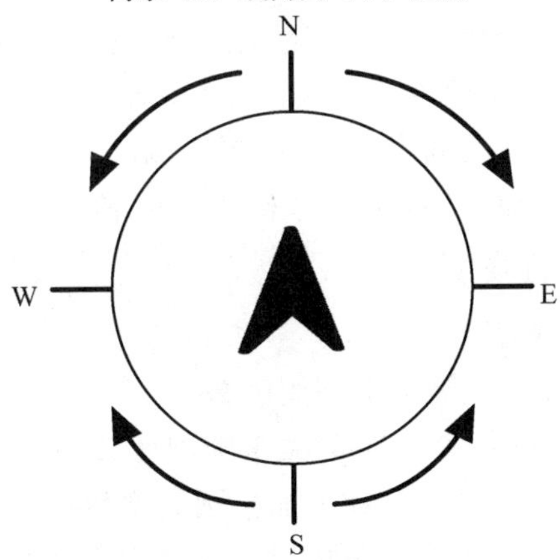

图 3-5　半圆法示意图

(3)罗经点法

如图 3-6 所示,以正北为基准,将地面真地平划分为 32 等份,得出 32 个方位点,每一个方位点称为一个罗经点。

$$360° \div 32 = 11.25°$$

因此,每个罗经点的度数为 11.25°。

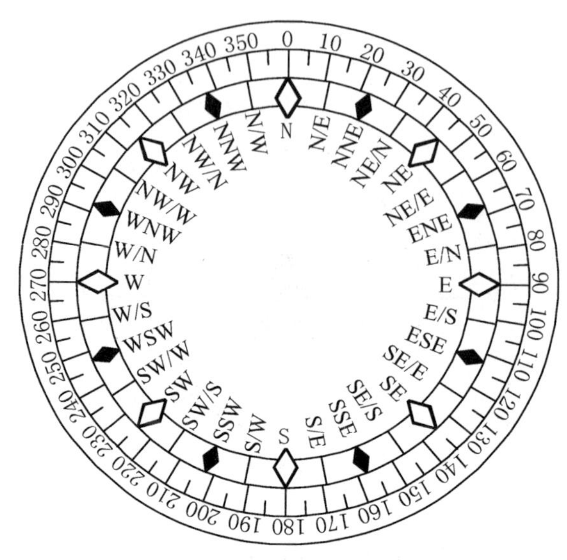

图 3-6 罗经点法示意图

四个基点:北(N)、东(E)、南(S)、西(W)。

四个隅点:平分相邻基点之间的地面真地平平面方向。北东(NE)、南东(SE)、南西(SW)和北西(NW)。

八个三字点:平分相邻基点或隅点之间的地面真地平平面方向。即北北东(NNE)、东北东(ENE)……西北西(WNW)和北北西(NNW)。在基点名称后,冠以隅点名称为后缀,进行命名。

十六个偏点(by point):平分相邻基点或隅点与三字点之间的十六个地面真地平平面方向。北偏东(N/E)、北东偏北(NE/N)、北东偏东(NE/E)、东偏北(E/N)……北西偏北(NW/N)、北偏西(N/W)。在基点名称或隅点名称后,冠以偏向为后缀,进行命名。

由于罗经点划分得不够精确,目前仅用它来表示风、流的方向。

4. 三种方向划分方法的换算

(1)半圆法换算成圆周法的法则

①在北东(NE)半圆,圆周度数等于半圆周度数;

②在南东(SE)半圆,圆周度数等于 180°减半圆周度数;

③在南西(SW)半圆,圆周度数等于 180°加半圆周度数;

④在北西(NW)半圆,圆周度数等于 360°减半圆周度数。

(2)罗经点法换算成圆周法的法则

1 个罗经点等于 11.25°,即 1 点 = 11.25° = 11°15′。

四个隅点(NE、NW、SE、SW),分别对应 45°、315°、135°和 225°。

三字点:(基点+隅点)/2。

例:

NNE,其圆周度数为:(N+NE)/2 = (000°+45°)/2 = 22.5°;

ENE,则为:(E+NE)/2 = (90°+45°)/2 = 67.5°

偏点:基点或隅点±11.25°(±视偏向而定,顺时针取"+",逆时针取"-")。

例:

SW/S,偏向为逆时针,故其圆周度数为:

SW-11°.25=225°-11.25°=213.75°

E/S,偏向为顺时针,因此其圆周度数为:

E+11.25°=90°+11.25°=101.25°

5. 航向、方位与舷角

(1)基本概念

航向、方位与舷角均是在测者地面真地平平面上进行定义的。船舶航行时,在测者地面真地平平面上,自真北线顺时针方向计量到船舶航向线的角度,称为船舶的真航向,计量范围为000°~360°,代号为 *TC*。

在测者地面真地平平面上,自真北线顺时针方向计量到物标方位线的角度,称为物标的真方位,计量范围 000°~360°,代号为 *TB*。物标真方位不得大于 360°,否则应减去 360°。

在测者地面真地平平面上,航向线到物标方位线的角度,称为物标的舷角或相对舷角。以航向线为基准,若顺时针方向计量到物标的方位线,计量范围 000°~360°,代号为 *Q*;若是向左或向右计量到物标的方位线,计量范围 000°~180°,代号分别为 $Q_{左}$ 或 $Q_{右}$。物标的舷角不得大于 360°,否则应减去 360°。

无论是真航向 *TC*、真方位 *TB*,还是舷角 *Q*,均以三位数字表示。

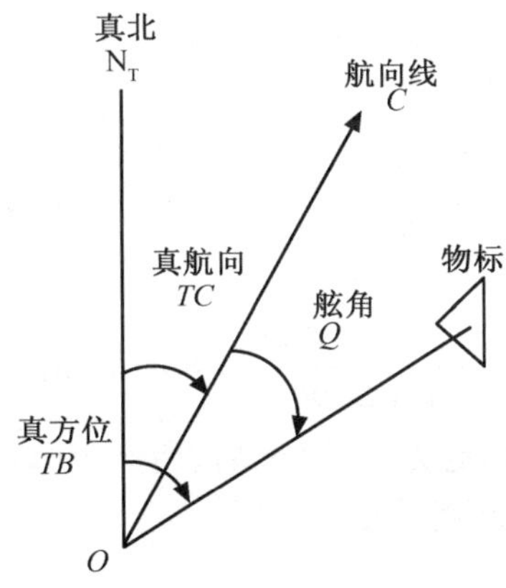

图 3-7　航向、方位和舷角示意图

(2)三者之间的关系

物标的真方位 *TB* 是以测者的正北方位线为基准度量的,与航向无关。如果航向发生变化,而测者的位置不发生变化,则物标真方位不变。

物标的舷角 *Q* 是以艏艉线为基准度量的,只要航向发生变化,物标的舷角 *Q* 均随之改变。

真航向、真方位和舷角三者之间的关系为:

$$TB = TC + Q \text{ 或者 } TB = TC \pm Q\begin{cases} Q_{右} \text{ 为 } + \\ Q_{左} \text{ 为 } - \end{cases}$$

三、海上距离与速度

表征距离的单位有多种，航海上常用的距离主要有海里、米、拓、链、英尺等。表征速度的单位也有多种，航海上常用的速度单位有节（海里/小时，符号为“kn”）、千米/小时、米/秒等。

1. 常用航海距离单位

（1）海里（nautical mile）

①定义

航海上度量距离的长度单位最常用的是海里，它等于地球椭圆子午线上纬度 1′所对应的弧长，简写为 1 n mile，常用“′”表示，如 1 n mile 记为 1′。

$$1 \text{ n mile（海里）} = 1\,852.25 - 9.31\cos 2\varphi\,(\text{m})$$

式中，φ 为地理纬度。

由此可见，1 n mile 的实际长度并不是固定的，它随着纬度的不同而不同，即随着纬度的增加而变长，存在纬度渐长的现象，在赤道处最短，两极最长。当纬度 $\varphi=0°$ 时最短，为 1 852.94 m；当 $\varphi=45°$ 时，为 1 852.25 m；当 $\varphi=90°$ 时最长，为 1 861.56 m。约在纬度 44°14′处，1 n mile 的长度才等于 1 852 m。

②标准海里

为了航海实际应用的需要，必须采用一个固定值作为 1 n mile 的统一长度。目前我国和大多数国家均采用了 1929 年国际水文地理学会议推荐的 1 n mile = 1 852 m 作为统一的海里标准。航海上用于测量航速与航程的仪器是用此标准长度进行标定的。

③航海实践中产生的误差

例：某船沿赤道向正东航行，每小时 25 n mile，航行一天后航程为 25×24 = 600 n mile（按 1 n mile 等于 1 852 m 计算），如果按赤道 1 n mile 的实际长度 1 842.94 m 计算，则船舶一天航行的距离是：

$$\frac{1\,852 \times 600}{1\,842.94} \approx 603 \text{ n mile}$$

由此可以看出，将 1 n mile 确定为 1 852 m 后，所产生的误差只有航行距离的 0.5%。若在中纬度海区航行，则所产生的误差将更小。

（2）链（cable）

链是计量少于 1 n mile 距离的长度单位，1 cab = 0.1 n mile，约为 185.2 m。

（3）米（meter）

米是国际单位制基本长度单位，符号为 m，可用来衡量长、宽、高。航海上常用来计量高程和水深单位。

（4）英尺（foot）

英尺是英语国家普遍采用的长度单位，1 ft = 12 in。与国际单位制的关系为：1 ft ≈ 0.304 8 m。英版海图上常用来作为海图水深的单位。

（5）拓（fathom）

拓是英制单位之一，1 拓 = 6 ft ≈ 1.828 8 m。

(6)千米(kilometer)

千米是一种常用的长度计量单位,常用于衡量两地之间的距离,用符号"km"表示,1 km=1 000 m。

2. 航程与速度

船舶海上航行所经过的距离,称为航程,用 S 表示,采用海里(n mile)作为计量单位,常用计程仪来测定船舶的航速与航程。船用计程仪的种类很多,根据计程仪提供航速和航程的性质,可以将它分为相对计程仪和绝对计程仪两大类。相对计程仪只能显示船舶相对于水的航程和航速,它只记录风影响后的航速和航程,不能显示水流影响后的航速和航程,因此,人们称它为"计风不计流"的计程仪。绝对计程仪可以测量船舶相对于海底的即船舶受风流影响后的实际航程和实际航速。

单位时间内的航程,称为船舶航行的航速,用 v 表示,单位为 kn(海里/小时)。单位时间内的对水航程,称为对水航速;单位时间内对地的航程,则称为对地航速;单位时间内的计程仪航程,称为计程仪航速。

航海上,习惯将船舶无风流影响下的航行速度,称为船速,而将船舶对水的速度,称为航速。

在有流影响的航区航行,船舶的实际航程(绝对航程)为船舶对水航程和水流航程的矢量和(如图 3-8 所示)。它们之间的关系为:

$$\overrightarrow{S_{地}} = \overrightarrow{S_{水流}} + \overrightarrow{S_{对水}} \qquad \overrightarrow{v_{地}} = \overrightarrow{v_{水流}} + \overrightarrow{v_{船速}}$$

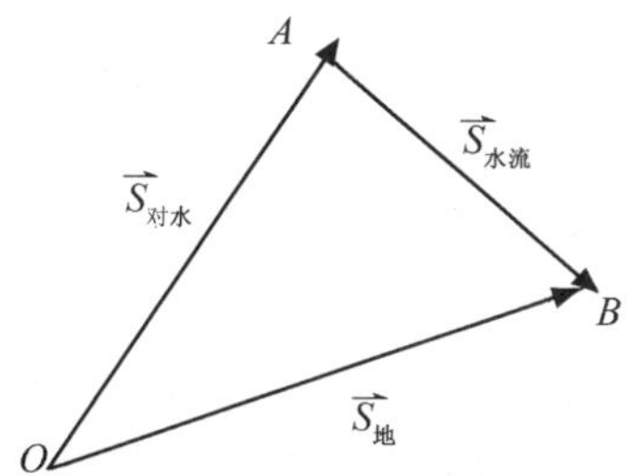

图 3-8 实际航程、对水航程和水流航程矢量关系图

航海上常用主推进器的转速来测定船舶的船速,计算如下:

$$船速 = 螺距(m/r) \times 推进器转速(r/min) \times 60(min/h) \times (1 - 滑失率) \div 1\,852(m/n\ mile)$$

该式中:

螺距为螺旋桨每旋转一圈,船舶在纵向上前进的距离,单位为米/转(m/r)。

滑失是螺旋桨对水的实际速度与理论应能前进的速度的差值。滑失率则是滑失与理论上应能前进的速度的比值。

四、潮汐与潮流

潮汐与潮流是影响船舶安全航行的自然因素之一。如需通过浅水区、高度受限的桥涵等,船舶必须依据潮汐资料,合理预算通过该地的潮高和潮时,以便正确地调整船舶吃水。如航道航行、狭水道航线、靠离泊作业等,为确保船舶的安全,应依据潮汐和潮流资料,预算超高和超时,以及潮汐或潮流所致的流向及流速大小,以便于选择合适的航线、航法或靠离泊方法和时机。

1. 潮汐

(1)潮汐概念

海面在周期性外力的作用下产生的周期性升降运动称为潮汐(Tide)。白天的海面上升为潮,晚上的海面上升为汐。海面上升的过程为涨潮,海面到达最高点时称为高潮(High Water,HW);海面下降的过程称为落潮,海面到达最低点时,称为低潮(Low Water,LW)。

(2)潮汐产生的原因

潮汐产生的原因较为复杂,主要有月球对地球表面水质点的引潮力,月、地公转惯性离心力以及太阳引潮力等,其中地球上各点的月引力和月地离心力的矢量和,称为月引潮力,是产生潮汐的主要原因。

(3)潮汐术语

平均海面:根据长期潮汐观测记录算得的某一时期内的海面平均高度。

海图基准面:起算海图水深的基准面。

潮高基准面:计算潮高的起算面,一般为海图基准面,如两者不一致,则应进行订正,才能将潮高应用到海图上。

潮差:相邻高、低潮潮高之差。

大潮升:从潮高基准面到平均大潮高潮面的高度。

小潮升:从潮高基准面到平均小潮高潮面的高度。

平潮与停潮:当高潮发生后,海面有一段时间呈现停止升降的现象,叫平潮;低潮发生后,海面也有一段时间呈现停止升降的现象,称为停潮。

涨潮时间:从低潮时到高潮时的时间间隔。

落潮时间:从高潮时到低潮时的时间间隔。

高高潮:在一个太阴日发生的两次高潮中潮高较高的高潮。

低高潮:在一个太阴日发生的两次高潮中潮高较低的高潮。

高低潮:在一个太阴日发生的两次低潮中潮高较高的低潮。

低低潮:在一个太阴日发生的两次低潮中潮高较低的低潮。

潮龄:从朔、望日到实际大潮发生的时间间隔称为潮龄。

平均高(低)潮间隙:每天月中天时刻至高(低)潮时的时间间隔的长期的平均值称为平均高(低)潮间隙。

高(低)潮时差:主港与附港高(低)潮潮时之差。

潮差比:对半日潮港来说,是指附港的平均潮差与主港的平均潮差之比;对日潮港来说,是指附港的回归潮大的潮差与主港的回归潮大的潮差之比。

潮高差:主、附港潮高之差。

改正值:使用潮差比由主港潮高计算附港潮高时,若附港基准面不是由主港基准面确定的,需要对附港潮高加以订正,使之变为从附港基准面起算,此订正数就是表列的改正值。

(4)潮汐种类

根据潮汐的性质,可以将潮汐分为四种类型:

①正规半日潮

在一个太阴日内，发生两次高潮和低潮，两次高潮和两次低潮的高度都相差不大，涨落潮时也相差不大。

②不正规半日潮混合潮

它基本上还具有半日潮的特征，但在一个太阴日内，相邻的高潮（低潮）的潮位相差很大，涨潮时和落潮时也不相等。

③正规日潮

在半个月中，有连续 1/2 以上天数是日潮，而在其余天数为半日潮。

④不正规日潮混合潮

在半个月中，日潮的天数不超过 7 天，其余的天数为不正规半日潮。

（5）潮汐简易计算

①利用中版《潮汐表》查阅主港高、低潮潮时和潮高

中版《潮汐表》由我国国家海洋信息中心编制、海洋出版社出版发行，前三册为中国沿岸，后三册为世界大洋区域。《潮汐表》中刊载每日高、低潮的潮时和潮高预报的港口，其通常是重要港口或者能够代表某类潮汐特征。可按日期直接查《潮汐表》的主表，求得主港高、低潮的潮时和潮高，以及部分主港的每整点时刻的潮高与潮时。

例 1：求 1984 年 10 月 1 日大连港潮汐。

解：《潮汐表》第一册的封里找得大连港为主港，其潮汐预报刊于第 10 页；10 月 1 日的潮汐资料为：

高潮时	0200	1411
高潮潮高	317	239
低潮时	0832	2048
低潮潮高	089	051

②潮信资料法

利用附表给出的各港口的潮信资料，可以大致估算该港口的潮汐。附表中的潮信资料包括：平均大（小）潮升、平均高（低）潮间隙和平均海面。

a. 高、低潮时的估算

$$高（低）潮时 = 当地高（低）潮时 + 格林尼治月上或下中天时$$

月中天平均每天约推迟 50 min，约为 0.8 h。若不知道格林尼治月上或月下中天时间，对于半日潮港，可利用以下方法近似求取月中天时间：

上半月：月上中天时=（农历日期−1）×0.8+1200

月下中天时=月上中天时±1225

下半月：月上中天时=（阴历日期−16）×0.8

月下中天时=月上中天时±1225

b. 高、低潮高的估算

$$平均大潮高潮高 = 大潮升$$

$$平均大潮低潮高 = 2 \times 平均海面 - 大潮升$$

$$平均小潮高潮高 = 小潮升$$

$$平均小潮低潮高 = 2 \times 平均海面 - 小潮升$$

其他日潮港可以根据大潮日到小潮日的平均间隔约为 7.5 天，及所求日期与大(小)潮日期的关系，采用内插方法求取：

高潮潮高 = 大潮升 -(大潮升 - 小潮升) × 阴历日与最近的大潮日间隔天数 /7.5

其中(大潮升-小潮升)/7.5 表示每天的高潮潮高变化量。

低潮潮高 = 2 × 平均海面 - 高潮潮高

用潮信资料估算潮汐比用差比数法计算的误差大，潮信资料法一般仅用于只知道潮信资料时，如利用航用海图上的潮信资料概略估算航行海区的潮汐等。

2. 潮流

潮流与潮汐是同时发生的。潮流变化的周期与潮汐周期也大致相同。潮流的流速与潮差成正比关系，即大潮时潮差最大，流速也最大；小潮时潮差最小，流速也最小。潮流分为往复流和回转流两种。

(1)往复流

往复流多发生在海峡、河道、港湾和沿岸一带，由于受地形影响，潮流以相反的两个方向交互流动。涨潮时，海水从外海向内海流动，称为涨潮流；落潮时，海水从内海向外海流动，称为落潮流。潮流由涨向落或者由落向涨的变化，即潮流流向发生约 180°变化时，流速接近于零，称作平流或憩流。

①往复流的正确标注

如图 3-9 所示，往复流的海图图式是以带羽的箭矢“////—2.5 kn→”表示，不带羽尾的箭矢“—1~2.5 kn→”表示落潮流。箭矢方向表示涨、落潮潮流的流向。在箭矢上标注的数字表示流速(kn)，仅注明一个数值的是指当地大潮日的最大流速；若注明两个数值，则分别表示小潮日和大潮日的最大流速。

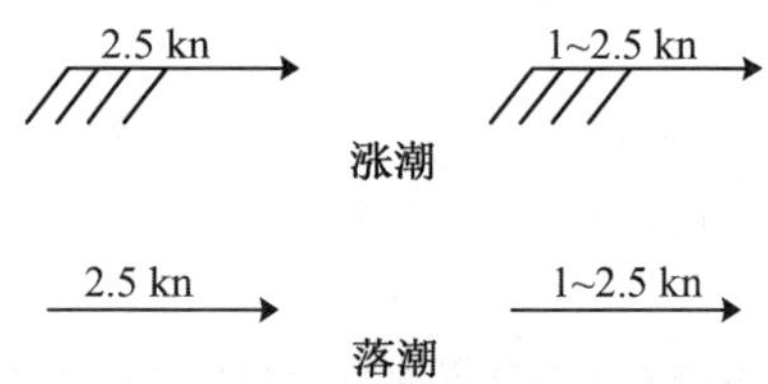

图 3-9 涨、落潮流标注示意图

如图 3-9 所示，涨潮流向 090°，其中左图表示大潮日最大流速为 2.5 kn；右图表示小潮日最大流速为 1 kn，而大潮日最大流速为 2.5 kn。落潮流向 090°，其中左图表示大潮日最大流速为 2.5 kn；右图表示小潮日最大流速为 1 kn，而大潮日最大流速为 2.5 kn。

②往复流流速推算

一般认为大潮前后一两天内当日最大流速都与大潮日最大流速相同，小潮前后一两天内当日最大流速都与小潮日最大流速相同，其他数天内的当日最大流速可以取大、小潮最大流速的平均值，近似计算公式如下：

平均最大流速 = 0.5 ×(大潮最大流速 + 小潮最大流速)

≈ 0.75 × 大潮最大流速

$$\approx 1.5 \times \text{小潮最大流速}$$

若仅知道大潮最大流速，一般取小潮最大流速为大潮最大流速的一半。

对于半日潮性质的地点，一天内流速的变化，可以认为涨潮流域落潮流的持续时间都约为6 h。一般运用1—2—3—3—2—1的简谐运动变化规律，近似估算一天中任意时的潮流流速，其方法是：

转流后1 h内的平均流速是当日最大流速的1/3；

转流后1~2 h的平均流速是当日最大流速的2/3；

转流后2~3 h的平均流速是当日的最大流速；

转流后3~4 h的平均流速是当日的最大流速；

转流后4~5 h的平均流速是当日最大流速的2/3；

转流后5~6 h的平均流速是当日最大流速的1/3。

应特别注意：转流时间可能并不发生在高潮时或低潮时，故应查阅有关《航路指南》和海图等，以掌握转流时间。若无法获得转流时间的资料，可以将高潮时或低潮时作为转流时间。

(2)回转流

在江河入海处、外海或广阔的海区，流向不断变化着的潮流称为回转潮流，简称回转流。对半日潮来说，约12 h 25 min回转一周；而全日潮，约24 h 50 min回转一周。涨潮与落潮之间一般都没有明显的憩流现象。

①回转流资料

在航用海图上，回转流图式主要有两种。如图3-10所示，中心名称表示本图标处的流向、流速是以该港(称此为主港)的潮汐为基准做出的。箭头指向为流向，旁注的数据为大潮和小潮时的最大流速。0表示主港高潮时，1，2，……表示主港高潮前的第一小时，第二小时……，Ⅰ，Ⅱ，……表示主港高潮后的第一小时，第二小时……的潮流。

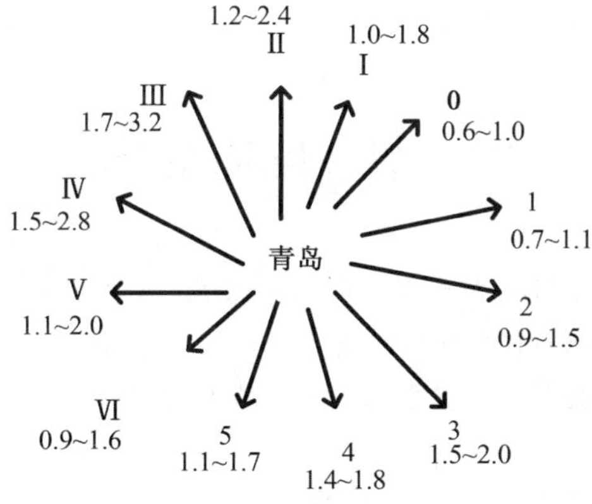

图3-10　回转流潮流图

另一种如表3-1所示，它表示该地的回转流资料在海图空白处的潮流表中列出。使用时可根据潮流预报点编号从潮流表的对应编号栏查取回转流资料。海图潮流表的形式如表3-1所示，表中列出A、B两个潮流预报点的潮流资料。

表 3-1　潮流表

<table>
<tr><td rowspan="3">主港</td><td rowspan="3" colspan="2">时间(时)</td><td colspan="3">Ⓐ 21°23.5′N,108°42.0′E</td><td colspan="3">Ⓑ 21°23.0′N,108°52.5′E</td></tr>
<tr><td rowspan="2">流向</td><td colspan="2">流速(kn)</td><td rowspan="2">流向</td><td colspan="2">流速(kn)</td></tr>
<tr><td>小潮</td><td>大潮</td><td>小潮</td><td>大潮</td></tr>
<tr><td rowspan="13">×××港</td><td rowspan="6">高潮前</td><td>6</td><td>213°</td><td>0.5</td><td>1.9</td><td>221°</td><td>1.9</td><td>5.1</td></tr>
<tr><td>5</td><td>225°</td><td>0.5</td><td>1.2</td><td>215°</td><td>1.3</td><td>3.8</td></tr>
<tr><td>4</td><td>230°</td><td>0.3</td><td>0.7</td><td>150°</td><td>1.0</td><td>1.5</td></tr>
<tr><td>3</td><td>232°</td><td>0.2</td><td>0.4</td><td>040°</td><td>0.7</td><td>0.4</td></tr>
<tr><td>2</td><td>228°</td><td>0.4</td><td>1.6</td><td>038°</td><td>1.2</td><td>2.7</td></tr>
<tr><td>1</td><td>060°</td><td>0.5</td><td>1.7</td><td>038°</td><td>1.3</td><td>4.7</td></tr>
<tr><td>高潮</td><td>0</td><td>050°</td><td>0.5</td><td>1.9</td><td>040°</td><td>1.4</td><td>5.3</td></tr>
<tr><td rowspan="6">高潮后</td><td>Ⅰ</td><td>040°</td><td>0.4</td><td>1.9</td><td>042°</td><td>1.3</td><td>4.1</td></tr>
<tr><td>Ⅱ</td><td>042°</td><td>0.3</td><td>1.8</td><td>130°</td><td>1.0</td><td>1.9</td></tr>
<tr><td>Ⅲ</td><td>100°</td><td>0.1</td><td>0.4</td><td>214°</td><td>0.5</td><td>0.4</td></tr>
<tr><td>Ⅳ</td><td>222°</td><td>0.3</td><td>0.5</td><td>220°</td><td>0.1</td><td>1.9</td></tr>
<tr><td>Ⅴ</td><td>221°</td><td>1.6</td><td>1.3</td><td>221°</td><td>0.5</td><td>4.4</td></tr>
<tr><td>Ⅵ</td><td>218</td><td>1.9</td><td>1.6</td><td>224°</td><td>0.1</td><td>5.1</td></tr>
</table>

②回转流的推算

当船舶航行于潮流预报点或潮流图附近时,首先查取预报点主港当日的高潮时,然后根据当时航行时间是在该高潮时的前或者后第几小时,查回转潮流图或潮流表,来确定当时的潮流流向;而流速的确定与往复流的方法相同。如回转潮流图或潮流表上未注明主港,可选用邻近的主港进行推算。

第二节　助航标志

航标(Aids to navigation),即助航标志,是帮助船舶安全、经济和便利航行而设置的视觉的、音响的和无线电的有信息服务作用的设施。它的主要作用是:

(1)指示航道:在岛岸明显处,设置引导标志,或在水上设立浮标、灯浮或灯船等,引导船舶沿航标所指示的航道航行。

(2)供船舶定位:利用设置在陆上的航标测定船位。

(3)标示危险区:标示航道附近的沉船、暗礁、浅滩及其他危险物,指引船舶避开这些危险物。

(4)特殊需要:标示锚地、检疫锚地、禁区以及供船舶测定运动性能和罗经差使用的水域等。

一、航标种类

航标按配布水域分类,有海区航标和内河航标;按配布位置可靠性分类,有固定航标和浮动航标。最常采用的分类方法是按航标工作原理进行分类。

按工作原理分类,有视觉航标、音响航标和无线电航标。

视觉航标包括灯塔、灯桩、立标、灯浮标、浮标、灯船、系淀设备和导标。

音响航标包括气雾号、电雾号以及雾情探测器。

无线电航标包括雷达反射器、雷达指向标、雷达应答器、无线电指向标、罗兰 A(Loran-A)、罗兰 C(Loran-C)、台卡(Decca)、奥米伽(Omega)、子午仪卫星导航系统、全球导航星系统、全球定位系统(GPS)和差分全球定位系统(DGPS)。

下面介绍几种常见的航标。

1. 灯塔

如图 3-11 所示,灯塔是比较高大的塔形发光固定航标,其顶部装有灯器,灯光射程较远,一般为 10 n mile 及以上,是重要的视觉航标。常设置在航道的沿岸、岬角、岛礁、港湾、险要碍航物或其附近。灯塔主要用于标志危险的浅滩、沙滩、礁石等;标示初见陆地、四角、江河入口、海港入口;指引船舶获得位置线等。

图 3-11 灯塔

2. 灯桩和立标

如图 3-12(a)所示,灯桩一般设置在航道附近的岛岸边以及港口防波堤上。它是一种柱状或铁架结构的建筑物,其顶部也装有发光器,但灯光强度不及灯塔,通常无人看守。

如图 3-12(b)所示,立标设置在浅水区、水中礁石上的普通的杆状标,顶部有球形或三角形等标志,用来标示沙嘴尽头、浅滩及险礁的两端、水中礁石及航道中较小的障碍物;也有的设在岸上作为叠标或导标,用以引导船舶进出港口或测定船舶运动性能和罗经差。

3. 灯船

如图 3-13 所示,灯船外部形状与普通船舶相同,一般为钢质船体。灯器安装在船体中部的平衡器上,灯船外部形状与普通船舶相同,一般为钢质船体。灯器安装在船体中部的平衡器上,以保证灯船摇摆时灯光能保持水平方向发射,灯光射程一般为 10 n mile 或更远。灯船水线以上涂红色,名称位于灯船两舷中部水线以上,用白漆自左至右书写中文名称,其下加注汉语拼音。

(a)灯桩

(b)立标

图 3-12　灯桩与立标

灯船主要用于标示港口口门、重要转向点等特定水域，供船舶测定船位和确定航向的浮动助航标志。

图 3-13　灯船

4. 导标

如图 3-14 所示，导标又称叠标，是在垂直平面上，由一座或一座以上标志构成一条方位线的助航标志，主要用于船舶导航。

图 3-14　导标

图 3-15　浮标

5. 浮标

如图 3-15 所示，浮标是碇在指定位置，具有一定的形状、尺寸、颜色的漂浮物体，是一种重要的水上助航标志。浮标可能装有灯器、音响设备、雷达反射器或其他设备。装有灯器的浮标，称为灯浮标，简称灯浮。因碇在指定位置，故浮标具有一定的回旋半径，且易移位，可靠性较差。

二、中国海区水上助航标志

我国在国际海上浮标制度（A 区域）的原则基础上，结合实际情况，于 1984 年制定了《中国海区水上助航标志》国家标准（GB 4696—1984），并已于 1985 年 8 月 1 日付诸实施。该标准适用于中国海区及其海港、通海河口的所有浮标和水中固定标志（不包括灯塔、扇形光灯标、导标、灯船和大型助航浮标）。该标准包括侧面标志、方位标志、孤立危险物标志、安全水域标志和专用标志灯五类。表示标志特征的方法：白天以标志的颜色和形状或顶标来表示；夜间以标志的灯质，即光色与光质来表示。

1. 侧面标志

侧面标志主要用来标示航道两侧界限或标示推荐航道或待定航道。

确定航道走向的基本原则是船由海向里；在外海、海峡或岛屿之间的水道，原则上按围绕大陆顺时针航行的方向。在复杂的环境里，航道走向由航标主管部门确定，并在海图上用⇨表示。当船顺着航道走向航行时，其左舷一侧为航道的左侧，右舷一侧为航道的右侧。

侧面标又分为左侧标、右侧标、推荐航道左侧标和推荐航道右侧标。

（1）航道左侧标和右侧标

航道左侧标和右侧标，分别设在航道的左侧和右侧，标示航道左侧和右侧界限。顺航道走向行驶的船舶应将航道左侧标和右侧标，分别置于该船的左舷和右舷通过，如图 3-16 所示。

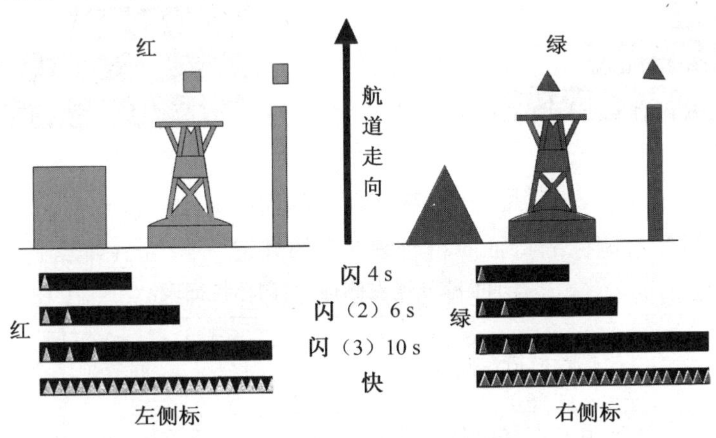

图 3-16　航道左侧标、右侧标

航道左侧标和右侧标的特征应符合表 3-2 的规定。

（2）推荐航道左侧标和右侧标

推荐航道左侧标和右侧标，一般设立在航道分岔处，也可设置在特定航道，标示推荐航道或特定航道分别在其右侧和左侧。即推荐航道左侧标标示推荐航道或特定航道在其右侧；推荐航道右侧标标示推荐航道或特定航道在其左侧，当船舶沿航道航行时，分别置于该船的左舷和右舷通过，如图 3-17 所示。

表 3-2　航道左侧标、右侧标特征表

特征	航道左侧标	航道右侧标
颜色	红色	绿色
形状	罐形，或装有顶标的柱形或杆形	锥形，或装有顶标的柱形或杆形
定标	单个红色罐形	单个绿色锥形
灯质	红光，单闪，周期 4 s	红光，单闪，周期 4 s
	红光，联闪 2 次，周期 6 s	红光，联闪 2 次，周期 6 s
	红光，联闪 3 次，周期 10 s	红光，联闪 3 次，周期 10 s
	红光，连续快闪	红光，连续快闪

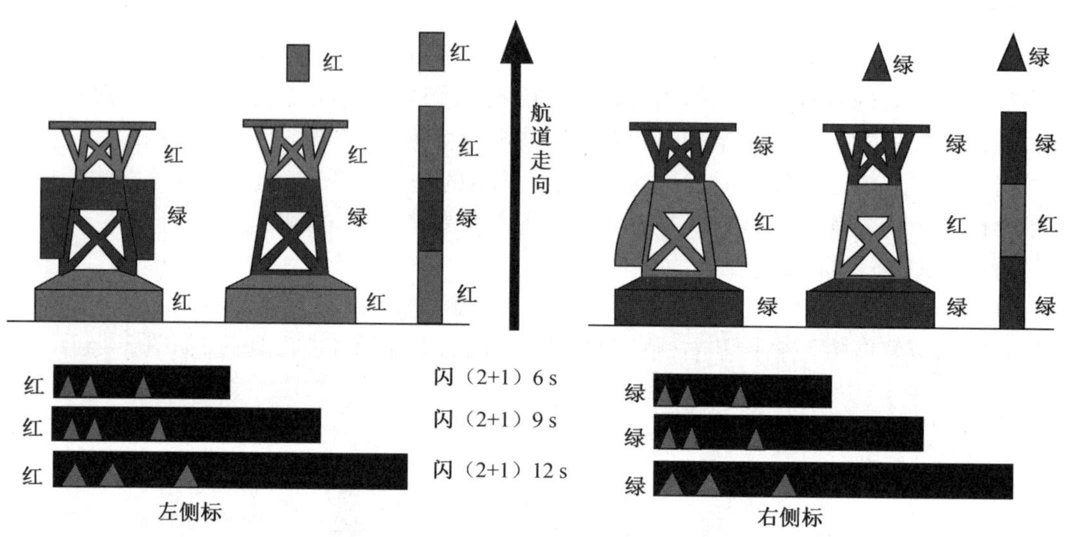

图 3-17　推荐航道左、右侧标

推荐航道左侧标和右侧标的特征应符合表 3-3 的规定。

表 3-3　推荐航道左侧标、右侧标特征表

特征	推荐航道左侧标	推荐航道右侧标
颜色	红色，中间一条绿色宽横纹	绿色，中间一条红色宽横纹
形状	罐形，或装有顶标的柱形或杆形	锥形，或装有顶标的柱形或杆形
定标	单个红色罐形	单个绿色锥形
灯质	红光，混合联 2 次加 1 次，周期 6 s	绿光，混合联 2 次加 1 次，周期 6 s
	红光，混合联 2 次加 1 次，周期 9 s	绿光，混合联 2 次加 1 次，周期 9 s
	红光，混合联 2 次加 1 次，周期 12 s	绿光，混合联 2 次加 1 次，周期 12 s
	红光，连续快闪	红光，连续快闪

2. 方位标志

如图 3-18 所示，方位标志是结合航海罗经的使用方法，以危险物或危险区为中心，将可航水域划分为北、东、南、西四个象限，对应设置北方位标、东方位标、南方位标和西方位标。

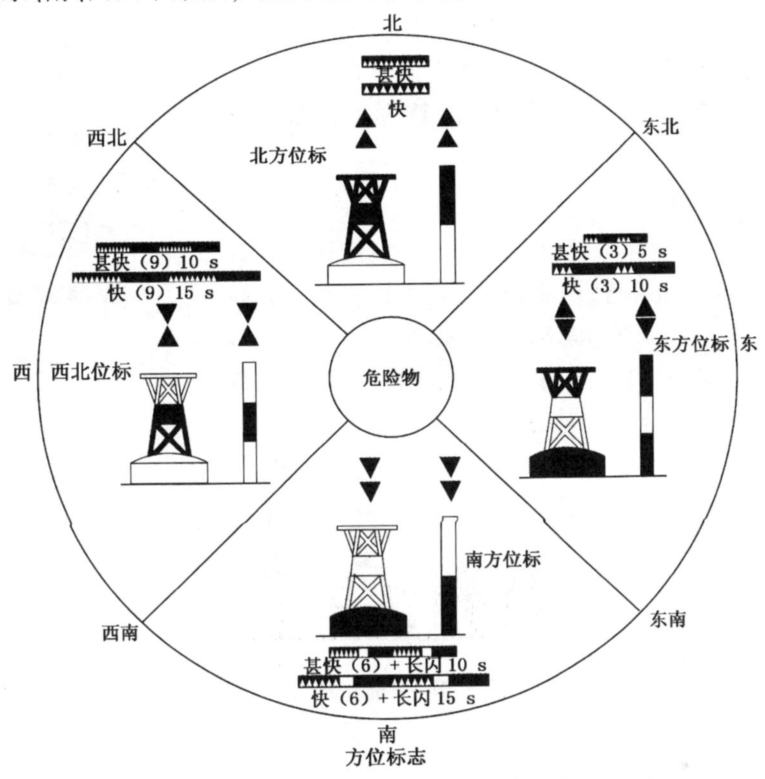

图 3-18　方位标志

方位标志的特征如表 3-4 所示。方位标由一个罐状或杆形或柱形标身和上、下两个黑色的锥形顶部构成。危险物位于该标异名一侧，可航水域位于该标同名一侧。如北方位标设置在危险物或危险区的北方，船舶应从该标的北方通过。

表 3-4　方位标志的特征

<table>
<tr><th rowspan="2">名称</th><th colspan="2">标身</th><th colspan="2">顶部</th><th rowspan="2">灯质</th></tr>
<tr><th>颜色</th><th>形状</th><th>颜色</th><th>形状</th></tr>
<tr><td>北方位标</td><td>上黑下黄</td><td rowspan="4">罐状或杆形或柱形</td><td rowspan="4">黑色</td><td>上下两个锥尖朝上</td><td>白光，连续甚快闪；或
白光，连续快闪</td></tr>
<tr><td>东方位标</td><td>黑黄黑</td><td>上下两个锥底相对</td><td>白光，联甚快闪 3 次，周期 5 s；或
白光，联快闪 3 次，周期 10 s</td></tr>
<tr><td>南方位标</td><td>上黄下黑</td><td>上下两个锥尖朝下</td><td>白光，联甚快闪 6 次+一长闪，周期 10 s；或
白光，联快闪 6 次+一长闪，周期 15 s</td></tr>
<tr><td>西方位标</td><td>黄黑黄</td><td>上下两个锥尖相对</td><td>白光，联甚快闪 9 次，周期 10 s；或
白光，联快闪 9 次，周期 15 s</td></tr>
</table>

3. 孤立危险物标志

如图 3-19 所示，孤立危险物标志设置或系在孤立的危险物上，或尽量靠近危险物的地方，标示危险物所在，船舶应参照有关航海资料，避开本标航行。标志形状为装有顶标的柱形或杆形，颜色为黑色，中间有一条或多条红色宽横带，顶标为上下垂直两个黑色球形。灯质为白光，闪 2 次，周期 5 s。有些孤立危险物标上设置了雷康(D)。

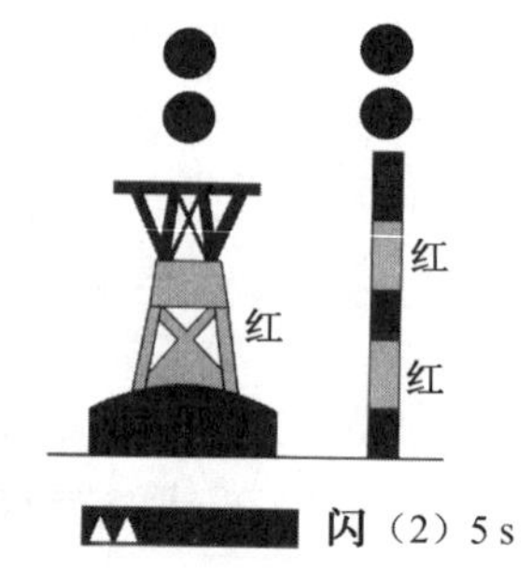

图 3-19　孤立危险物标志

4. 安全水域标志

设在航道中央或航道的中线上，标示本标周围均为可航水域，船舶可在任何一侧航行，标志形状为球形，或装有顶标的柱形或杆形。颜色为红白相间竖条，顶标为单个红色球体(图 3-20)。灯质为等明暗白光，周期 4 s；或白光，长闪，周期 10 s；或白光，莫尔斯信号(A)，周期 6 s。

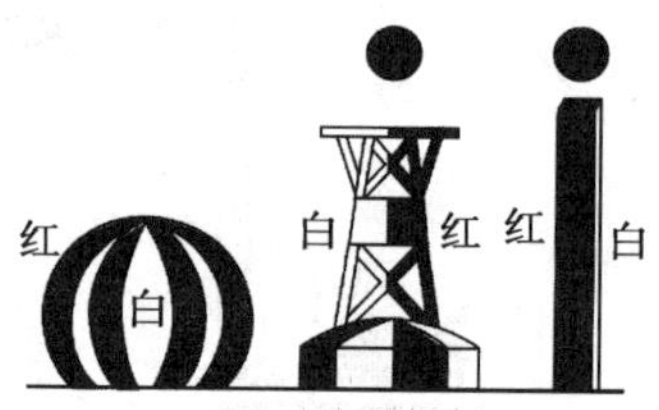

图 3-20　安全水域标志

5. 专用标志

如图 3-21 所示，专用标志不是为助航目的而设，而是用于标示某一特定水域或水域特征(图)，如：检疫锚地、军事演习区、海道测量、分道通航区，标志形状为柱形或杆形，也可任选，但不可与助航用的标志相抵触，颜色为黄色，顶标为单个黄色“×”形。灯质为黄光，闪莫(Q)、莫(P)、莫(O)等，周期为 12 s。

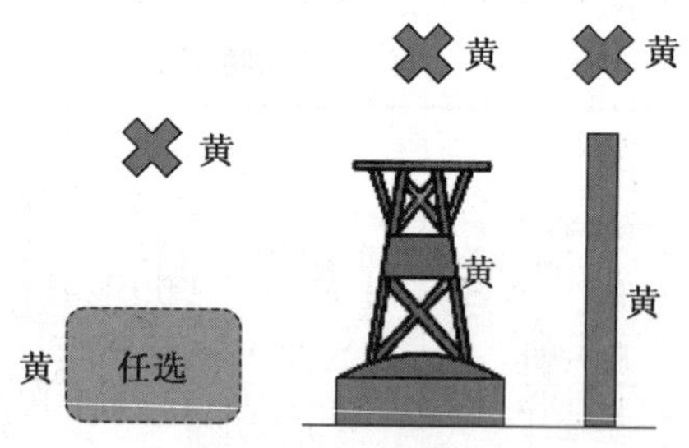

图 3-21　专用标志

三、内河助航标志

内河航标是反映航道尺度、确定航道方向、标示航道界限、揭示航道信息、引导船舶安全航行的重要标志。船舶要安全航行就离不开航标，熟悉和利用航标，是掌握内河航行条件的重要内容之一。

1. 河流左右岸的确定

按水流方向确定河流的上、下游，面向河流下游，左手一侧为左岸，右手一侧为右岸。对水流流向不明显或各河段流向不同的河流，按下列顺序确定上、下游：

(1) 通往海口的一端为下游；

(2) 通往主要干流的一端为下游；

(3) 河流偏南或偏东的一端为下游；

(4) 以航线两端主要港埠间的主要水流方向，确定上、下游。

2. 左右岸航标的区分

与中国海区水上助航标志类同，内河助航标志也是按标身颜色、形状和灯质等来区分。左岸标为白色(黑色)标身、绿色(白色)灯光，右岸标为红色标身、红色灯光。若不必区分左、右岸的内河航标，则按背景的明暗确定，其颜色是：背景明亮处为红色(黑色)；背景深暗处为白色。

3. 内河航标的种类

内河航标按功能分为航行标志、信号标志、专用标志。

(1) 航行标志

航行标志指示航道方向、界限与碍航物的标志，包括过河标、沿岸标、导标、过渡导标、首尾导标、侧面标、左右通航标、示位标、泛滥标及桥涵标共 10 种。

①过河标(图 3-22)

过河标标示过河航道的起点和终点，指示由对岸驶来的船舶在接近标志时沿着本岸航行；或指示沿本岸驶来的船舶在接近标志时转向驶向对岸，也可设在上、下方过河航道在本岸的交点处，指示由对岸驶来的船舶在接近标志时再驶往对岸。

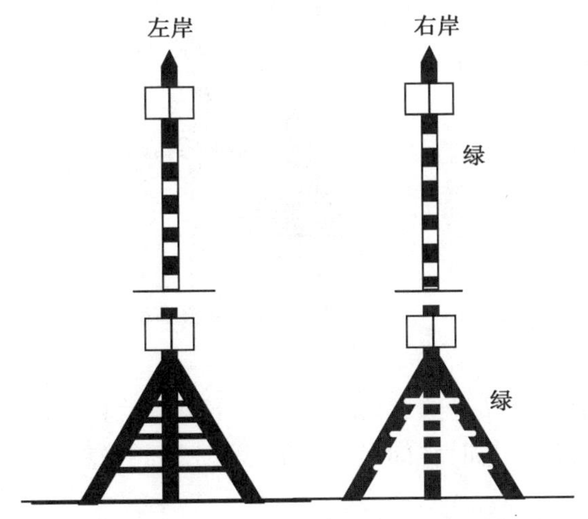

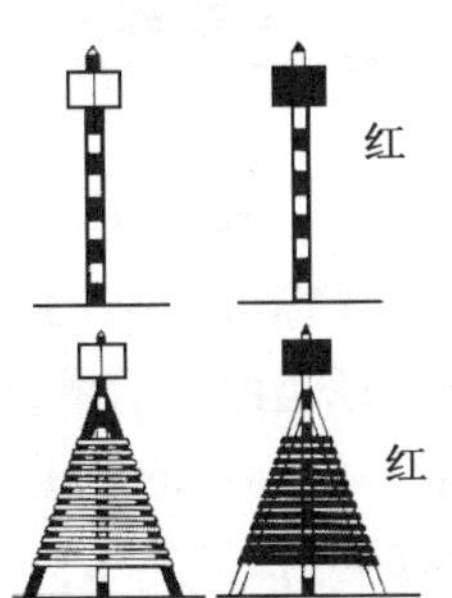

图 3-22　过河标

②沿岸标(图 3-23)

沿岸标标示沿岸航道所在的岸别，指示船舶继续沿着本岸航行。

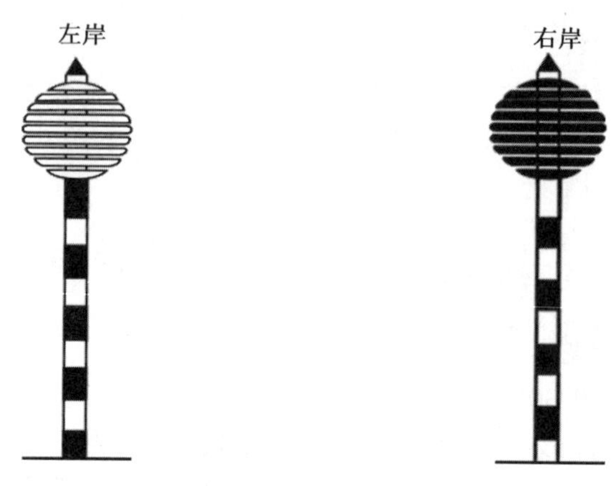

图 3-23　沿岸标

③导标(图 3-24)

由前后两个标志所构成的导标标示航道的方向,指示船舶沿导线标示的航道航行。

④过渡导标(图 3-25)

过渡导标由前后两座标志组成,标示一方为导线标示的导线航道,另一方为沿岸航道或过河航道,指示导线标示的航道驶来的船舶在接近标志时驶入沿岸航道或过河航道,同样也指示航道或过河航道驶来的船舶在接近标志时驶入导线标示的航道。

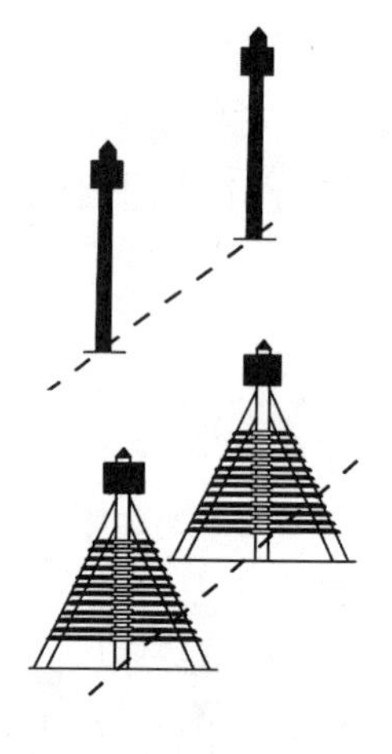

图 3-24　导标

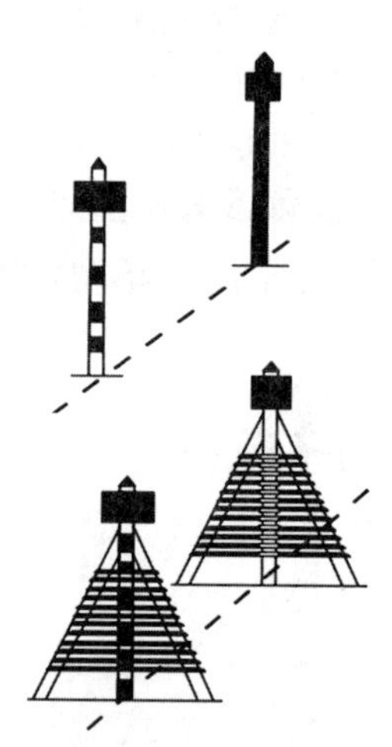

图 3-25　过渡导标

⑤首尾导标(图 3-26)

首尾导标是由前后鼎立的三座标志组成的两条导线,分别标示上、下方导线标示的航道方向,指示沿导线标示的航道驶来的船舶,在接近标志时转向另一条导线标示的航道。

⑥侧面标(图 3-27)

侧面标设在浅滩、礁石、沉船或其他碍航物靠近航道一侧,标示航道的侧面界限;设在水网地区优良航道两岸时,标志岸形突嘴或不通航的汊港;指示船舶在航道内航行。

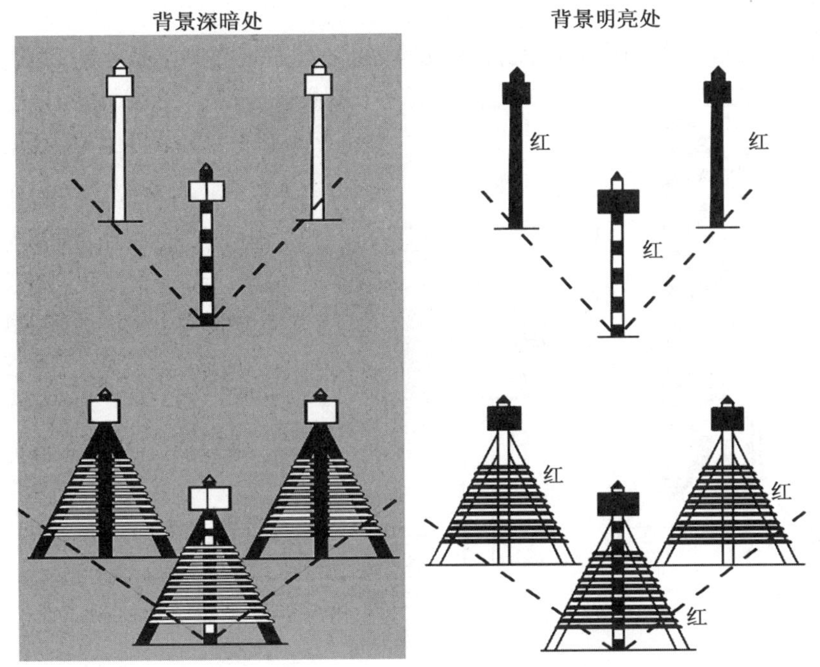

图 3-26　首尾导标

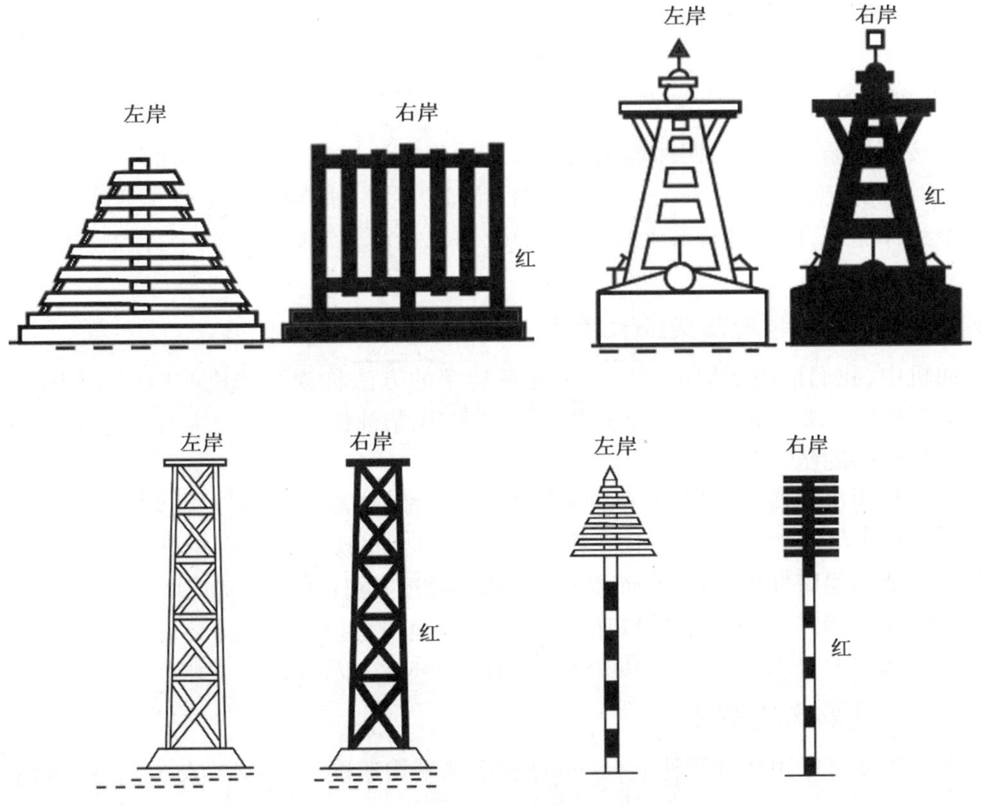

图 3-27　侧面标

⑦左右通航标(图 3-28)

左右通航标设在航道中个别河心碍航物或航道分汊处,标示两侧都是通航航道。

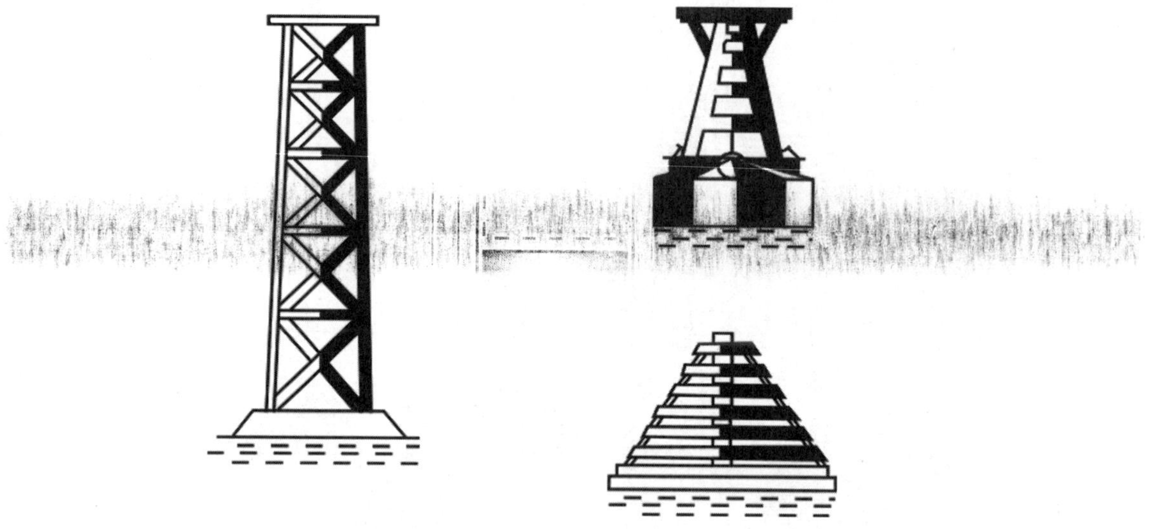

图 3-28 左右通航标

⑧示位标(图 3-29)

示位标设在湖泊、水库、水网地区或其他宽阔水域,标示岛屿、浅滩、礁石及通航河口等特定位置,供船舶定位或确定航向。

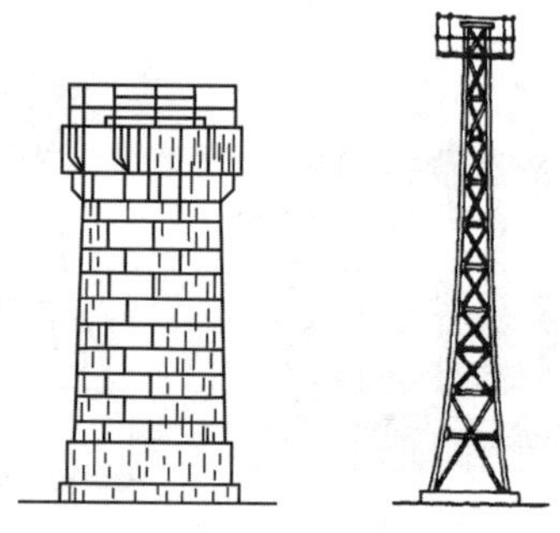

图 3-29 示位标

⑨泛滥标(图 3-30)

泛滥标设在被洪水淹没的河岸或岛屿靠近航道一侧,标示岸线或岛屿的轮廓。

⑩桥涵标(图 3-31)

桥涵标设在通航桥迎船一面中央,标示船舶通航桥孔的位置。

(2)信号标志(图 3-32 和图 3-33)

为航行船舶揭示有关航道信息的标志,称为信号标志,包括通行信号标、鸣笛标、界限标、水深信号标、横流标及节制闸标等 6 种。

(3)专用标志

专用标志为标示沿岸、跨河航道的各种建筑物,或为标示特定水域所设置的标志,其主要功能不是为了助航的统称为专用标志。专用标志包括管线标志(图 3-34)及专用标志两种。

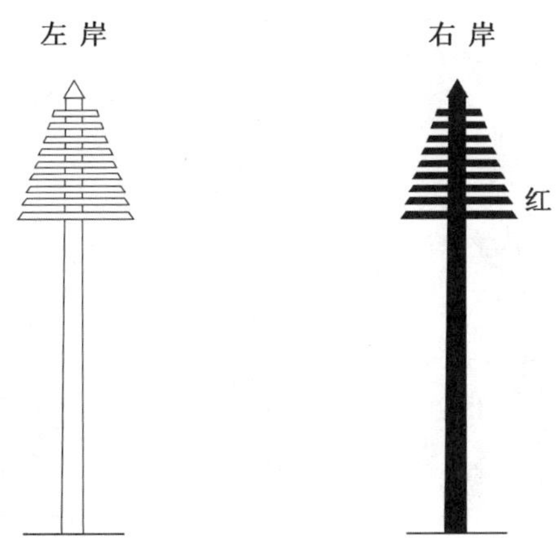

图 3-30　泛滥标

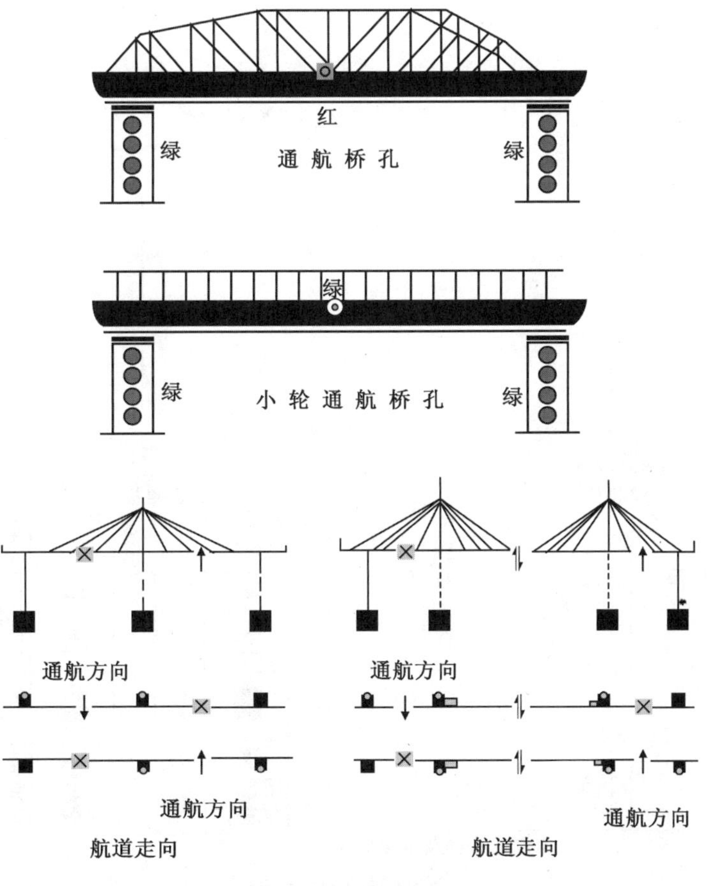

图 3-31　桥涵标

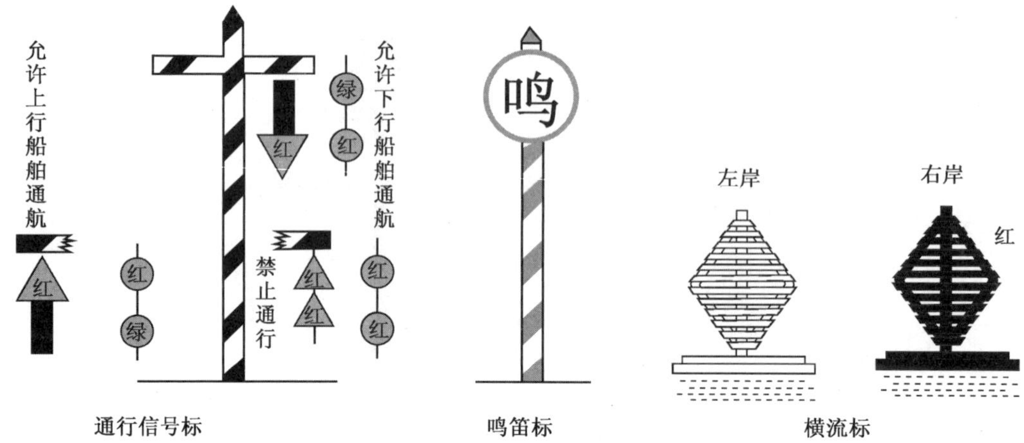

图 3-32　信号标志(1)

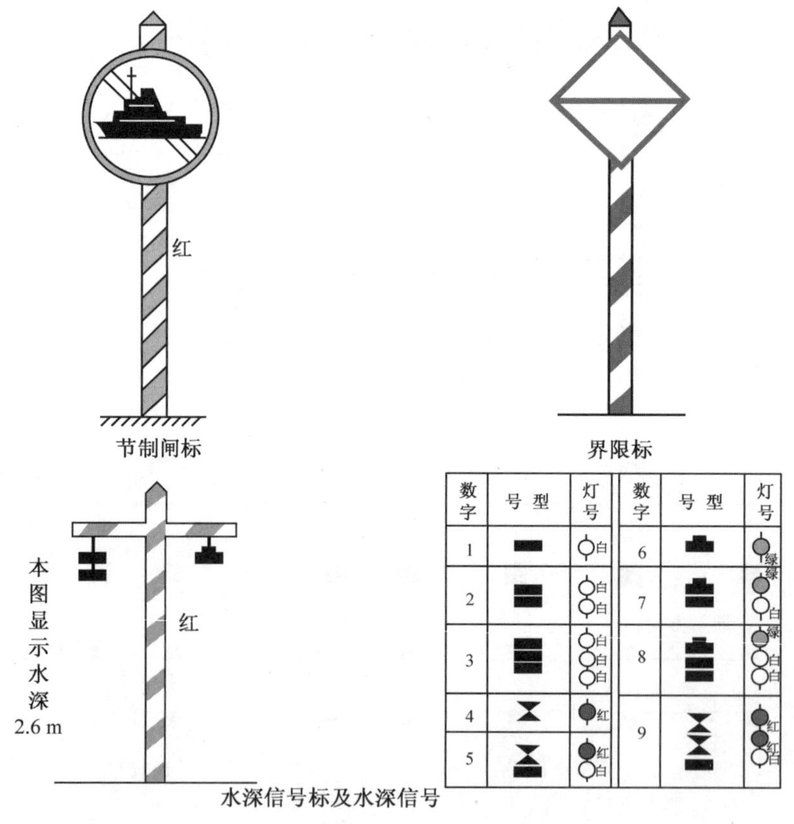

图 3-33　信号标志(2)

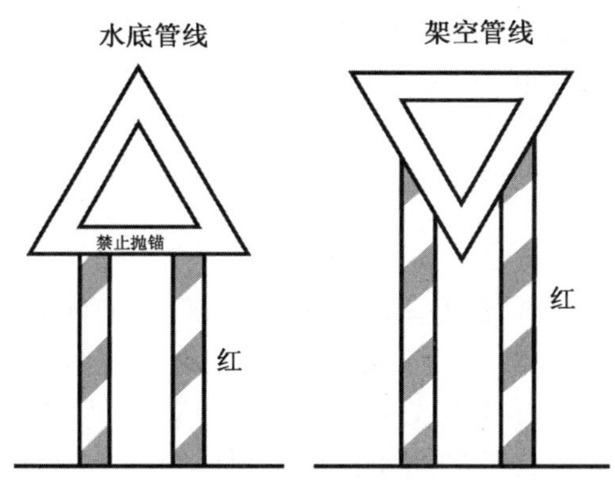

图 3-34 管线标志

第三节 航行方法

一、岛礁区航行

岛礁区航行系指在沿岸岛屿之间的内水道和热带珊瑚岛附近水域内的航行。我国舟山群岛和东南沿海、斯堪的纳维亚半岛沿岸的岛区属于岛礁区。我国南海的南沙群岛、西沙群岛、中沙群岛和东沙群岛,以及澳大利亚东北海岸的珊瑚海,均属著名的珊瑚礁海区。

1. 岛礁区的特点

(1)沿岸岛屿之间的航道,通常狭窄、流急、危险物众多,但可供定位和导航的物标比较多。

(2)珊瑚礁海区海流、潮流复杂。海区的测量不充分,水深 100 m 内未经扫海的地区,多有不明暗礁存在。

(3)珊瑚礁区的水深变化很大,一般离礁 1 500 m~2 000 m 处,水深有 800 m;离礁 3 000 m 处,水深可达 1 000 m,即使在 1 500 m 深的珊瑚礁区航行,水深也会突然变浅,可能发生触礁事故。

(4)珊瑚礁大多在高潮时被淹没,低潮时露出,目测和雷达观测不易发现,又没有其他显著物标,因此,珊瑚礁区可供定位和导航的物标很少。

(5)白天,能见度良好时,其具有如下特点:

①浅水礁盘所在水天线附近,天空常有反光,背向太阳时比较明显。只要注意观察,距礁 10 n mile 左右便可发现;

②稍有风浪时,礁盘边缘即起白浪,上风方向望去特别明显。能见度良好时,距礁 4~5 n mile 即可见;

③浅水礁盘上海水一般呈青绿色,礁盘边缘浅水区呈浅蓝色,与周围海水颜色有所不同;大片变色海区白天距离 3~4 n mile 即可见,船舶只要不接近变色海水就无危险。

(6)夜间或能见度不良时,加大雷达增益,关闭海浪和雨雪干扰抑制,也常能从满屏的干扰回波中隐约辨出礁盘的轮廓,上风方向尤为明显。

2. 岛礁区航行方法

(1)导航方法

①叠标导航

叠标由前后两个标志组成,离船近的称为前标,离船远的称为后标。前、后标两标连线向航道一侧的延长线,即为方位叠标线。船舶沿方位叠标线航行,就能保证行驶在安全的航道上。船舶一旦偏离叠标线,前后标志就会相互错开(如图 3-35 所示的船位 1 和 2),说明船舶已经偏离推荐航线,此时应采取必要的纠正措施。具体导航方法如下:

当船首朝着叠标航行时,如后标在船舶左舷,前标在船舶右舷,说明船舶位于推荐航线的右侧,应向左纠正航向;反之,则说明船舶位于推荐航线的左侧,应向右纠正航向。当船舶背离叠标航行时,情况刚好与上述相反。

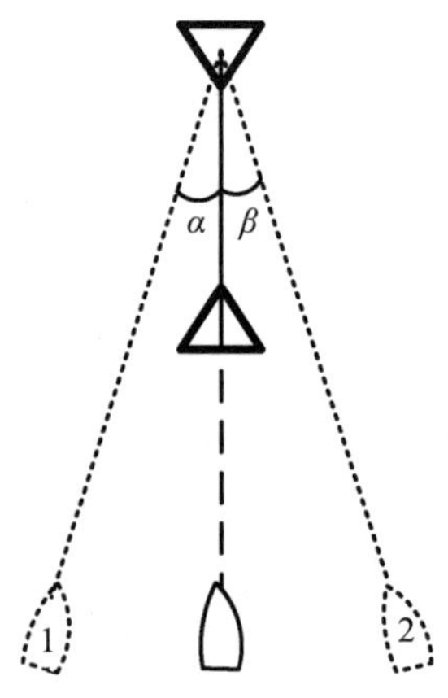

图 3-35　叠标导航示意图

②导标导航法

如果没有合适的叠标可供导航,可选用合适的导标或显著易辨的物标进行导航。保持该导标或物标的真方位不变,即可使船舶以该真方位作为计划航线,安全航行。当导标或物标在船首时,若真方位变大,说明船舶位于计划航线的左侧,应向右调整航向;反之,则说明船舶位于计划航线的右侧,应向左调整航向。当导标或物标在船尾时,若真方位变大,说明船舶位于计划航线的右侧,应向左调整航向;反之,则说明船舶位于计划航线的左侧,应向右调整航向。

(2)避险方法

①方位避险

为避开航线一侧的危险物,如所选避险物标与危险物的连线,与计划航线平行或接近平行,可采用方位遇险线避险。

如图 3-36 和表 3-5 所示,当船舶沿计划航向 CA_1 航行时,为避开左侧的危险物,可选灯塔 M 为避险物标。具体方法为:

以危险物为圆心,以最小安全距离为半径画圆弧,自 M 做靠近航线一侧圆弧的切线,求得 M 的真方位 TB_0。只要船舶测量 M 的真方位小于 TB_0,则可避开该危险物。同理,若该危险物处于计划航线的右侧，则只要测得 A 的真方位大于 TB_0'，则可避开该危险物。

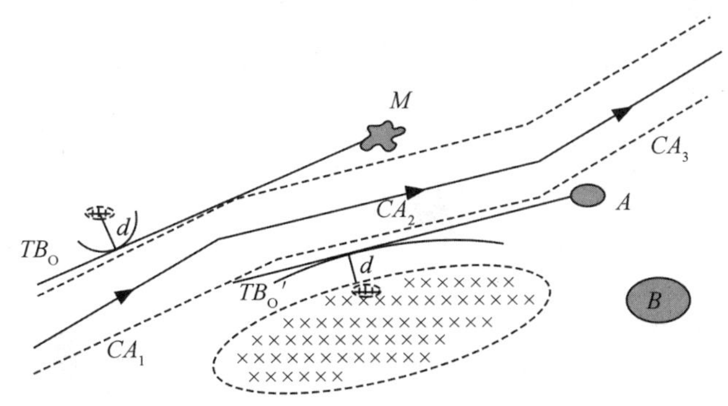

图 3-36　方位避险

表 3-5　方位避险

相对位置关系		避险要求	方位避险变换趋势
同在航线左侧	物标在危险物前方	$TB \leqslant TB_0$	TB 逐渐减小
	物标在危险物后方	$TB \geqslant TB_0$	TB 逐渐减小
同在航线右侧	物标在危险物前方	$TB \geqslant TB_0$	TB 逐渐增大
	物标在危险物后方	$TB \leqslant TB_0$	TB 逐渐增大

②距离避险

当避险物标和危险物的连线与计划航线垂直或接近垂直时，可采用距离避险法避险。

首先，确定距危险物的最近距离 d，然后确定避险距离 D_0。若避险物标和危险物同处计划航线的一侧（图 3-37），则保持距避险物标的雷达距离不少于避险距离 D_0，即可安全避险；若避险物标和危险物分别位于计划航线的两侧，则保持距避险物标的雷达距离不大于避险距离 D_0，即可安全避险。

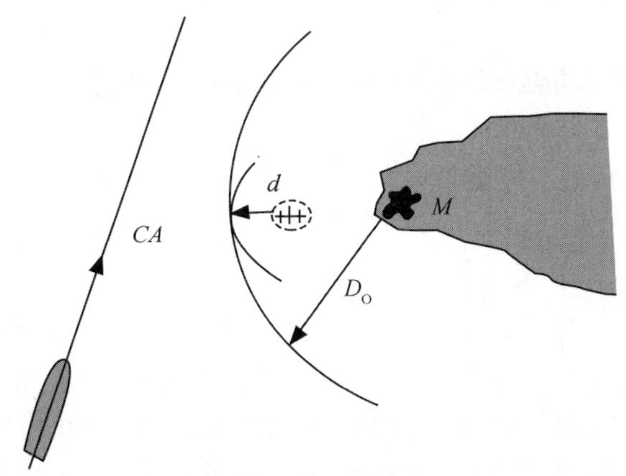

图 3-37　距离避险

③开视、闭视避险

在沿岸岛屿和热带珊瑚礁海区航行，除了利用通常的避险方法外，还可利用物标的闭视和开视来避险。它最大的优点是不依赖任何导航仪器。

如图 3-38 所示,船舶沿计划航向 CA_1 航行,当保持岛屿 A 的东端与 B 岛灯标闭视,且保护 B、D 两岛开视时,可有效避开航线两侧的危险物。当船舶沿 CA_3 航行时,保持 B、D 两岛开视,可有效避开右侧的危险物。

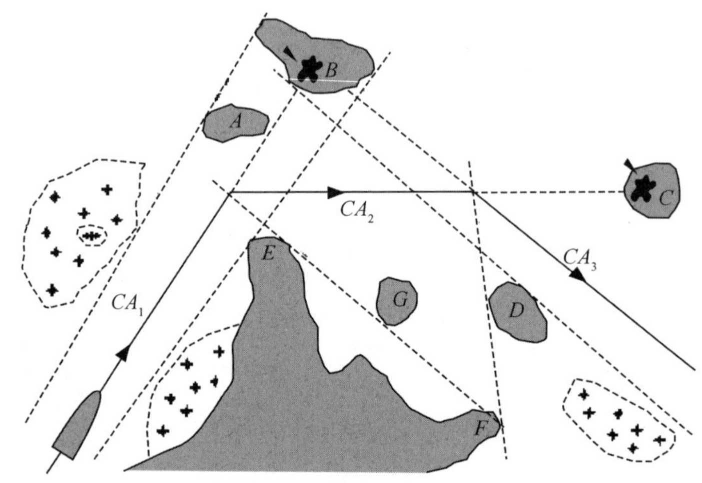

图 3-38　开视、闭视避险与转向

(3)转向

①物标正横转向

利用转向点附近物标正横,确定转向时机简单、直观,在航海上被普遍采用。应尽可能选用转向点同侧的孤立、显著、准确的人工或自然标志作为转向物标。转向时,应根据当时船舶偏航情况和水流的顺逆,结合船舶操纵性能,适当提前或推迟转向。

②导标方位转向

如图 3-39 所示,当新航线前方或后方有适当的导标时,可直接观测该导标方位确定转向时机。这样,不论转向前船舶是否偏离计划航线,均能确保船舶顺利地转到新航线上。

③开视、闭视转向

在沿岸岛屿和热带珊瑚礁海区航行,除了利用通常的避险方法外,还可利用物标的闭视和开视来转向。

如图 3-38 所示,船舶沿 CA_1 航行,当 E 角和 G 岛“开门”时,可作为 CA_2 转向的时机;当沿 CA_2 航行,发现 D 岛和 F 角“关门”时,可作为 CA_3 转向的时机。

3. 岛礁区航行注意事项

(1)岛礁区航行,应选用最新的大比例尺海图,并认真研究海图和有关航海资料,注意掌握水流和气象情况。正确使用各种人工或自然导标、叠标和转向、避险物标等。

(2)应选定一条安全、经济的计划航线。当海图测深点稀少时,计划航线应尽量画在测深点上。注意计划航线与岛礁,特别是与暗礁、适淹礁的距离,至少应保持在 5~6 n mile 以上。如非必要,尽量避免穿越两礁之间的水道,如必须穿越,则应尽可能从两礁间最窄处的垂直平分线上通过。为了便于目视发现浅水礁盘的存在,应选择白天在礁盘的上风方向 2~3 n mile 处通过。

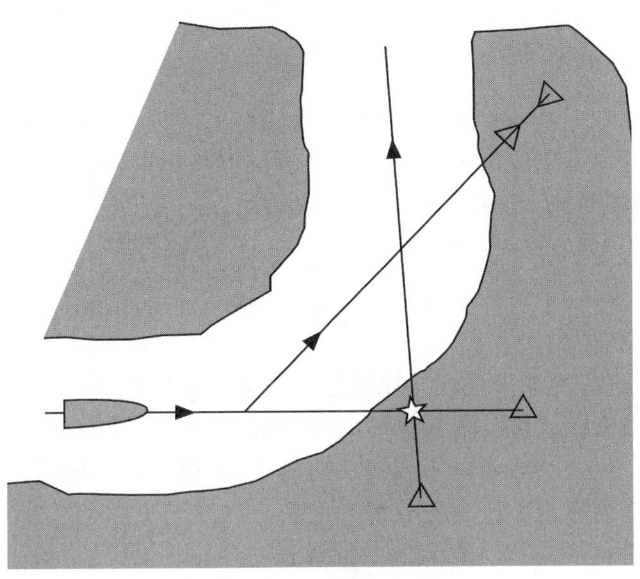

图 3-39　导标转向

(3)珊瑚礁区水下危险物较多,而陆标定位条件往往较差,航行时要加强瞭望,勤测船位。礁岛区海底崎岖,水深起伏很大,在水流急剧变浅时,应减速直至倒车,仔细观测水色,以防触礁。

(4)应充分利用沿岸岛屿和热带珊瑚礁的导航物标,采用"开门""关门"来确定转向时机和避离危险等。

二、沿岸航行

1. 沿岸航行的主要特点

地形复杂,危险物多且距离近;水流复杂,潮流影响大,水深较浅;来往船只和各种渔船密集,避让困难;距岸不远、遇到紧迫局面时,回旋余地小。但沿岸航区的航海资料详尽、准确;沿岸航线距岸近,用于导航定位的物标多,可获得较准确的陆标船位。

2. 沿岸航行注意事项

(1)充分研究通航环境,认真做好计划航线的拟订,尽可能选用推荐航线;

(2)勤测船位,尽可能缩短定位的时间间隔;

(3)严格遵守避碰规则,加强瞭望,谨慎驾驶,避让船舶应做到"早、大、宽、清";

(4)保持适当的离岸距离;

(5)合理选择和利用导航物标,进行导航、避险和转向;

(6)注意收听有关气象预报,做好灾害性天气的防范工作。

三、雾中航行

能见度不良是指因雾、霾、雪、降雨、烟雾以及沙尘暴等原因，能见度受到限制的情况，根据国际雾级规定，能见距离低于4 000 m（约2 n mile），称能见度不良。雾中航行是能见度不良情况下航行的一种习惯叫法。雾中航行最大特点就是因能见度不良，视线受阻，无法直接观测船舶周围的情况，定位、避让困难。因此，应对雾中航行的航行方法和安全措施予以高度重视。

1. 雾中航行方法

（1）测深辨位与导航

利用回声测深仪进行测深辨位和导航是常用的雾航方法之一。航行中用测深仪连续测量水深，利用下式换算成海图水深。将换算后的海图水深和测深时对应的推算船位，描绘在与海图相同比例尺的透明纸上，然后将透明放置在航图上，进行比对，如透明纸上各海图水深与海图上的水深大体一致，这时最后一个船位即为最后一次测深时对应的船位。

海图水深 = 测深仪测量水深 + 船舶吃水 - 潮高

这种辨位的准确度主要取决于计划航线附近，海图水深的变化和分布情况。若水深变化明显且分布均匀，其准确度较高；反之，准确度较低。

如图3-40所示，船舶南下航行时，经过40 m等深线后，所测得的水深应在30 m左右，倘若经过40 m等深线后不久，测得的水深小于27 m，表明船位已经偏在计划航线的右侧，应立即向船左调整航向，驶入30 m水深水域。

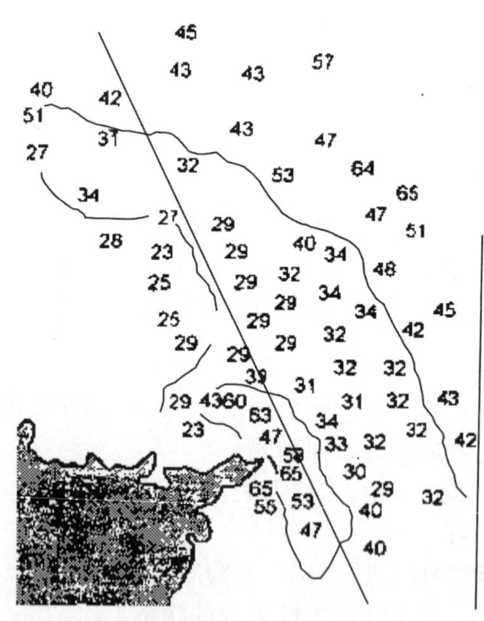

图3-40　测深定位

（2）逐点航法

逐点航法，就是将原来的直航线改为若干段短航线组成的曲折航线，各段航线的转向点选择在物标附近，从而由一个物标正对着下一物标航行的方法。它的优点在于可以不断控制和减少推算船位的误差，但因有意接近物标，具有较大的危险性。使用该方法时应注意根据船舶航速和两物标间的距离，合理预算抵达下一个物标的时间。

2. 雾中航行安全注意事项

（1）进入雾航前的准备工作

①通知机舱备车，叫船长上驾驶台，增派瞭望人员；

②按章采取安全航速和施放雾号；

③变自动操舵为人工操舵；

④开启航行灯、雷达和测深仪等助航仪器，在 VHF CH16 上播发航行安全信息；

⑤全船保持肃静，保持正规瞭望，开启驾驶台门窗；

⑥在航海日志中正确记载船位以及所采取的措施。

（2）进入雾区中的安全注意事项

①适当调整航线的离岸距离，确保船岸之间有足够的旋回水域；

②认真做好船位的推算及定位，多采用雷达和 GPS 等导航仪器进行定位；

③注意倾听声号，但不可凭借声号推断附近船舶的位置，因为声号在雾中传播时，会发生折射；

④严格遵守《避碰规则》，采用安全航速；

⑤如误入渔船密集区，应适当减速，如有必要，可调整航向，驶离渔船密集区；

⑥采取一切有效手段，保持正规瞭望。

四、风、流对船舶操纵的影响

"顺风快、顶风慢，漂移之外还偏转"，这是风对船舶操纵的影响的简单概括。本部分主要在介绍船舶在风中所受的风力、风力转船力矩、水动力和水动力转船力矩的基础上，介绍风、流对船舶操纵的影响。

1. 风对船舶操纵的影响

（1）风力和风力转船力矩

船舶操纵中的风力是指处于一定运动状态的船舶，其水上部分的船体所受的空气动力。风力的大小与风速、风舷角、船体水线以上的受风面积及形状等有关。

$$F_a = \frac{9.81}{2}\rho_a \cdot C_a \cdot (A_a\cos^2\theta + B_a\sin^2\theta) \cdot v_a^2 \tag{3-3}$$

式中，ρ_a ——空气密度，为 0.125 kg · sec2/m^4；

θ ——相对风舷角；

C_a ——风力系数，其值随风舷角以及船体水线以上受风面积的形状的变化而变化；

v_a ——相对风速（m/s）；

A_a ——水线以上船体正投影面积（m^2）；

B_a ——水线以上船体侧投影面积（m^2）；

F_a ——水线以上船体所受的风力（N）。

从上式可知：相对风速越大，则风力越大；船体水线以上受风面积越大，则风力越大。

风力转船力矩是指作用在船体上的风力，使船舶发生偏转的力矩。风力转船力矩与风力转船力矩系数、船体以上受风面积和相对风速大小有关。与风力有相类似的表达形式，即：

$$N_a = \frac{9.81}{2}\rho_a \cdot C_{Na} \cdot (A_a\cos^2\theta + B_a\sin^2\theta) \cdot v_a^2 \cdot L \tag{3-4}$$

式中，N_a ——风力转船力矩（N·m）；

C_{Na} ——风力转船力矩系数；

L ——船长。

当已经求得船舶所受的风力、风力作用中心以及风力角时，风力转船力矩也可按下式计算。

$$N_a = F_a \cdot \sin\alpha \cdot (l_G - a) = F_a \cdot \sin\alpha \cdot (L/2 - a) \tag{3-5}$$

式中，l_G ——船舶重心至船首的距离。

（2）水动力及水动力转船力矩

①水动力的大小

当船舶与周围的水存在相对运动时，船舶所受的水动力 F_W 与水动力系数、船舶水线长度、船舶吃水及船舶与水相对速度有关。可用下式估算：

$$F_W = \frac{9.81}{2}\rho_W \cdot C_W \cdot L \cdot d \cdot v_W^2 \tag{3-6}$$

式中，F_W ——水动力（N）；

ρ_W ——水密度，为 104.5 kg·sec2/m^4；

C_W——水动力系数，其值随漂角 β 以及船体水下形状等因素的变化而变化；

β ——漂角，即相对水流与船舶首尾面的夹角；

v_W——船舶与水的相对速度（m/s）；

L ——船舶水线长度（m）；

d ——船舶吃水（m）。

②水动力作用中心

水动力作用中心距离船首的距离与船长之比 a_W/L，随漂角 β 的增大而增大。即随着漂角 β 的增大，水动力作用中心自距离船首 0.25L 渐次移至 0.75L 处。

空载或压载时往往艉倾较大，艉部水下侧面积较艏部大得多，水动力作用中心要比满载平吃水时明显后移。

（3）风致偏转

在风力转船力矩和水动力转船力矩共同作用下，船舶在风中发生偏转。船舶的偏转情况分迎风偏转和背风偏转两种。

迎风偏转是指运动中的船舶，不论是前进还是后退，其运动的前端（前进中指船首，后退中指船尾）在风的影响下转向上风方向的偏转，也称为逆风偏转。

背风偏转是指当船舶运动速度远较风速为低时，船舶的迎风端转向下风的偏转，也称为顺风偏转。

船舶在不同的运动状态中，风致偏转有所不同。

①静止中

静止中的船舶，不论是正横前来风，还是正横后来风，船舶迎风端均将顺风偏转至接近正横受风状态，同时向下风方向漂移。一般货船往往艉吃水较深，船首受风面积较大，故多保持在风来自正横略后的位置上 $\theta \approx 100°$ 向下风方向漂移。

②前进中

正横前来风，风力转船力矩和水动力转船力矩方向相反，船首的偏转方向决定于风力转船力矩 N_a 和水动力转船力矩 N_W 的代数和。当 $N_a > N_W$ 时，船舶将顺风偏转；当 $N_a < N_W$ 时，船舶将迎风偏转。因此前进中船舶受正横前来风时，船舶是迎风偏转还是顺风偏转，是一个由风速、风向、船速、载况共同决定的综合现象。

当慢速、空船、艉倾、艏受风面积大时，多为 $N_a > N_W$，出现船首顺风偏转；反之，当快速、满载（或半载）、艉受风面积较大时，多为 $N_a < N_W$，出现船首迎风偏转。风速越高、船速越高、风向越接近正横，迎风偏转的倾向就越大。

正横后来风，风力转船力矩和水动力转船力矩方向相同，均使船首迎风偏转，因此呈现出极强的迎风偏转性。这也就是船舶斜顺风航行时较斜顶风航行时不易保向的原因。

③后退中

船舶正横前来风，风力转船力矩和水动力转船力矩方向相同，均使船尾迎风偏转，呈现极强的迎风偏转性。

船舶正横后来风，风力转船力矩和水动力转船力矩方向相反，船首的偏转方向决定于风力转船力矩 N_a 和水动力转船力矩 N_W 的代数和。

退速较低时，水动力转船力矩较小，受风力转船力矩的作用，船尾偏向下风，其偏转规律基本上与静止中相同。

综上所述，船舶在风中的偏转规律，可以归纳为：

（1）船舶在静止中或船速接近于零时，船舶将顺风偏转至接近风舷角 100°左右向下风漂移。

（2）船舶在前进中，正横前来风、慢速、空船、艉倾、船首受风面积较大的船舶，船首顺风偏转；前进速度较大的船舶或满载或半载、艏倾、船尾受风面积较大的船舶，船首将迎风偏转；正横后来风，船舶将呈现极强的迎风偏转性。

（3）船舶在后退中，在一定风速下并有一定的退速时，船舶迎风偏转，这就是我们通常所说的“尾找风”现象，正横前来风比正横后来风显著，左舷来风比右舷来风显著；退速极低时，船舶的偏转与静止时的情况相同，并受倒车横向力的影响，船尾不一定迎风。

（4）静水中的船舶因风的直接作用和水动力的间接作用而产生的横向运动称为风致漂移。船舶试验表明，受风时的漂移速度除与船舶受风特点有关外，还与船速密切相关。停船时的漂移速度最高，随船速的增加，漂移速度反而降低。在浅水中，由于船舶所受的横向阻力增大，风致漂移速度要较深水中小得多。

①停船时的漂移速度

船舶静止中受风，最终将保持正横附近受风，并匀速向下风漂移。在浅水中由于水动力系数增加，风致漂移的速度将减小，水深吃水比越小，风致漂移速度越小。

②航行中的风致漂移速度

前进中的船舶受风影响，除了向下风漂移之外，在风力力矩和水动力力矩的作用下还将发生偏转。必须操舵，用舵力及舵力转船力矩来克服风致偏转。

2. 流对船舶操纵的影响

(1) 流对船速、冲程的影响

船舶在均匀流中航行，船舶对地、对码头的速度为船对水的速度与流速的几何和。船舶顺流航行时，实际船速等于静水船速加流速；顶流航行，则实际船速等于静水船速减流速。因此，在静水船速和流速不变的条件下，顺流航行时的对地船速比顶流航行时的实际对地船速大两倍流速。当流向与艏艉向有一定的交角时，流速和静水船速的合速度将使船向来流的相反一舷运动，船员通常称为流压。流速越大，交角越大，船速越慢，流压角就越大。如图 3-41 所示，在顶流靠泊时，根据流速的大小，摆好水流与艏艉线的交角，并控制好船速，可以使船舶慢慢地向泊位靠拢。如船速和交角控制不当，尤其是急流时，交角摆得太大，流压将造成船舶压碰码头的事故。要调整流压，只需运用车、舵、锚、缆的作用调整船舶首尾线与流向得到夹角即漂角，即能达到预期的目的。

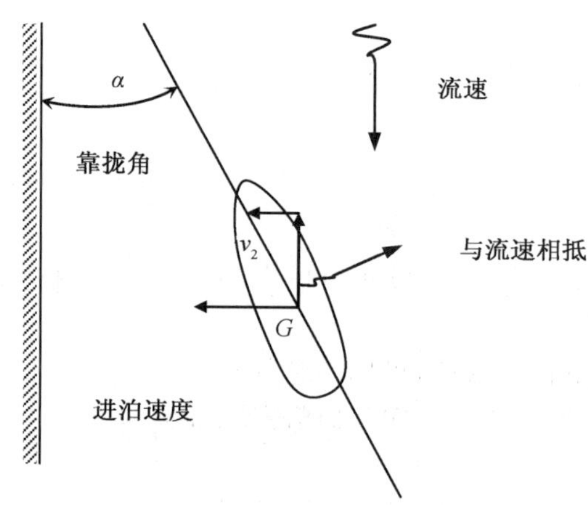

图 3-41　斜顶流靠泊时的速度合成

顶流中冲程较小，流速越大冲程越小；顺流中则冲程增大，因此在顺流进港时，针对停车后降速过程非常缓慢的特点，一方面应及早停车淌航，另一方面应及时地运用倒车、抛锚或拖船进行减速制动。

(2) 流对舵效和旋回的影响

①流对舵力、舵效的影响

舵力以及舵力转船力矩是与舵叶对水速度的平方成正比的，而舵叶对水速度又与船舶对水的速度成正比。因此船舶在均匀流中航行，当保持转速不变，并使船对水的相对速度不变时，不论顶流或顺流，舵叶对水的相对速度是保持不变的，所以在舵角等条件相同时，顶流或顺流时的舵力将保持不变，其舵力转船力矩也是一样的。

但舵效是个对地的概念，顶流时对地的速度较顺流时小两倍的流速，故使用相同的舵角顶流时能在较短的距离上使船首转过较大的角度，需要时也比较容易把定。因此，顶流时的舵效要比顺流时的舵效为好。但是必须注意，均匀流中当船首斜向顶流时，由于水动力转船力矩的作用，向迎流舷转向困难，舵效反而变差。

②流对旋回的影响

均匀流中行驶的船舶，其旋回圈将在流的方向上因漂移而对地发生变形。在受限水域中旋回掉头或改向的船舶应对此应有足够的估计。流越急，这种变形就越大。

静水中，可在转向依据的物标接近正横时转向；顺流时应适当提前转向的时机；顶流时应适当延迟转向的时机。这样在流压的作用下，使船位在转向后仍能保持在预定的航线上。

本章思考题

1. 简述地理经、纬度的定义。
2. 某船由(27°40′N,120°30′E)航行至(28°59′S,125°18′E)，求两点之间的纬差和经差。
3. 航海上，常用的方向划分方法是什么？并简述其相互转换方法。
4. 航海上，常用海里来表示距离，请简述海里的基本定义。
5. 海图上，带羽尾的箭矢“////→ 2.5 kn”和不带羽尾的箭矢“→ 1~2.5 kn”，分别表示什么？
6. 简述航道走向确定的基本原则。
7. 中国海区水上助航标志主要有哪些？
8. 孤立危险物标志和安全水域标志的含义分别是什么？
9. 简述岛礁区航行特点及注意事项。
10. 简述沿岸航行特点及注意事项。
11. 雾中航行方法主要有哪些？
12. 简述风和流对船舶操纵的影响。

第四章　柴油机应用常识

第一节　柴油机基本工作原理

一、柴油机与动力机械

机械设备通常可分为动力机械和工作机械两大类。动力机械是将其他形式的能量，如热能、电能、风能等转化为机械能，而工作机械则是利用机械能来完成所需的工作。把热能转换成机械能的动力机械称为热机。热机是最重要的动力机械，蒸汽机、蒸汽轮机以及柴油机、汽油机等都是热机中较典型的机型。

热机在工作过程中需要完成两次能量转化过程。第一次能量转化过程是将燃料的化学能通过燃烧转化为热能，第二次能量转化过程是将热能通过工质膨胀转化为机械能。如果两次能量转化过程是在同一机械设备的内部完成的，则称为内燃机，汽油机、柴油机以及燃气轮机都属于内燃机。由于在内燃机中，两次能量转换均发生在气缸内部，从能量转换观点，此类机械能量损失小，具有较高的热效率。另外，在尺寸和重量等方面也具有明显优势（例如，燃气轮机在热机中的单位重量功率最大）。如果两次能量转化过程分别在两个不同的机械设备内部完成，则称为外燃机。在该类机械中，化学能转变成热能的过程（燃烧）发生在锅炉中，热能转变成机械能发生在气缸内部。此种机械由于热能需经某中间工质（水蒸气）传递，必然存在热损失，所以它的热效率不高，整个动力装置也十分笨重。内燃机在与外燃机竞争中已经取得明显的领先地位。

动力机械的运动机构基本上有两种运动形式，一种为往复式，一种为回转式。在往复式发动机中，工质的膨胀做功是通过活塞的往复运动实现的；而回转式发动机则是利用高速流动的工质在工作叶轮内膨胀，推动叶轮转动而工作的。往复式发动机是间歇工作的，其工质的最高温度较高，而回转式发动机是连续工作的，由于受材料热强度的限制，其工质的最高温度不能太高，这就限制了其热效率的进一步提高。

柴油机和汽油机同属往复式内燃机，但又都具有各自的工作特点。汽油机使用挥发性好的汽油作燃料，采用外部混合法（汽油与空气在气缸外部进气管中的汽化器进行混合）形成可燃混合气。其燃烧为电点火式（电火花塞点火）。这种工作特点使汽油机不能采用高压缩比，因而限制了汽油机的经济性不能大幅度提高，也不允许作为船用发动机使用（汽油的火灾危险性大),但它广泛应用于运输车辆。柴油机使用挥发性较差的柴油或劣质燃料油作燃料;采用内部混合法(燃油与空气的混合发生在气缸内部)形成可燃混合气;缸内燃烧采用压缩式(靠缸内空气压缩形成的高温自行发火)。这种工作特点使柴油机在热机领域内具有最高的热效率,在船用发动机中,柴油机已经取得了绝对统治地位。

1. 柴油机的主要优缺点

通常,柴油机具有以下突出优点:

(1)经济性好。有效热效率可达50%以上,可使用价廉的重油,燃油费用低。

(2)功率范围宽广,单机功率0.6~68 000 kW,适用的领域广。

(3)尺寸小,重量轻,有利于船舶机舱布置。

(4)机动性好。起动方便,加速性能好。有较宽的转速和负荷调节范围,可直接反转,能适应船舶航行的各种工况要求。

(5)可靠性高,寿命长,维修方便。

同时,柴油机也具有以下缺点:

(1)存在机身振动、轴系扭转振动和噪声。

(2)某些部件的工作条件恶劣,承受高温、高压并具有冲击性负荷。

2. 柴油机的基本结构参数

(1)上止点(*TDC*)

其为活塞在气缸中运动的最上端位置,也就是活塞离曲轴中心线最远的位置。

(2)下止点(*BDC*)

其为活塞在气缸中运动的最下端位置,也就是活塞离曲轴中心线最近的位置。

(3)行程(S)

其是指活塞从上止点移动到下止点间的直线距离。它等于曲轴曲柄半径 R 的两倍($S=2R$)。活塞移动一个行程,相当于曲轴转动180°CA(曲轴转角)。

(4)缸径(D)

其为气缸的内径。

(5)气缸余隙容积(压缩室容积 V_C)

活塞在气缸内上止点时,活塞顶上的全部空间(活塞顶、气缸盖底面与气缸套表面之间所包围的空间)容积即为气缸余隙容积,如图4-1所示。

(6)余隙高度(顶隙)

其为上止点时活塞最高顶面与气缸盖底平面之垂直距离。

(7)气缸工作容积 (V_S)

其为活塞在气缸中从上止点移动到下止点时所扫过的容积,如图4-1所示。显然:

$$V_S = \frac{\pi D^2}{4} S \tag{4-1}$$

(8)气缸总容积 (V_a)

其为活塞在气缸内位于下止点时,活塞顶以上的气缸全部容积,亦称气缸最大容积,如图4-1所示。显然

$$V_a = V_S + V_C \tag{4-2}$$

(9)压缩比(ε)

其为气缸总容积与压缩室容积之比值,亦称几何压缩比。

$$\varepsilon = \frac{V_a}{V_C} = \frac{V_C + V_S}{V_C} = 1 + \frac{V_S}{V_C} \tag{4-3}$$

压缩比表示缸内工质压缩程度。柴油机压缩比为12~22。

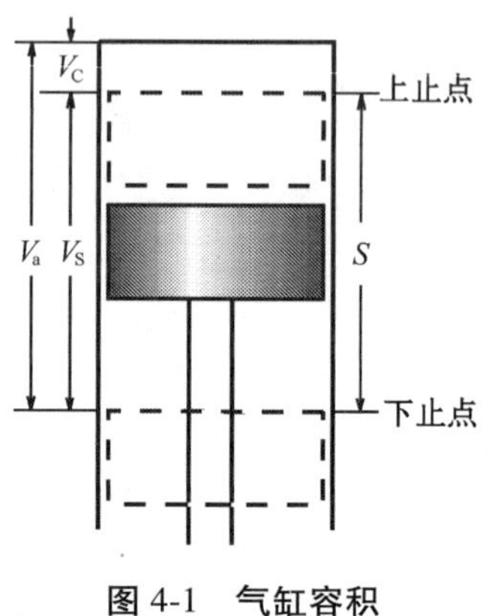

图 4-1　气缸容积

二、柴油机的类型

根据用途不同,对柴油机的要求也不同,因而柴油机的类型很多。通常有以下几种分类方式:

1. 四冲程柴油机和二冲程柴油机

柴油机按工作循环可分为四冲程柴油机和二冲程柴油机两类。柴油机的一个工作循环包括进气、压缩、燃烧、膨胀、排气五个过程,四冲程柴油机是曲轴转两转,也就是活塞运动四个行程完成一个工作循环,而二冲程柴油机是曲轴转一转,也就是活塞运动两个行程完成一个工作循环。

2. 增压柴油机和非增压柴油机

在柴油机中,我们把用增加进气压力来提高功率的方法称为柴油机的增压。增压柴油机和非增压柴油机的主要区别在于进气压力不同,非增压柴油机是在大气压力下进气的,而增压柴油机则是在较高的压力下进气的。

为了实现柴油机的增压,必须在柴油机上装设一台压气泵,若压气泵由柴油机带动则称机械增压。如果把废气的能量充分利用起来,将柴油机排出的废气送入涡轮机中,使涡轮机高速回转来带动一离心式压气机工作,从而提高进入柴油机的空气压力以实现增压,我们称这种增压方式为废气涡轮增压。使用涡轮增压器既可使柴油机的功率增加,又可提高柴油机的经济性。

3. 低速、中速和高速柴油机

柴油机的速度可以用曲轴转速 n (r/min)和活塞平均速度 v_m (m/s)表示。活塞的平均速度为:

$$v_m = \frac{Sn}{30} \quad (\mathrm{m/s})$$

按此指针分类一般为：

低速柴油机 $n \leqslant 300$ r/min；$V_m < 6$ m/s

中速柴油机 $300 < n \leqslant 1\,000$ r/min；$V_m = 6 \sim 9$ m/s

高速柴油机 $n > 1\,000$ r/min；$V_m > 9$ m/s

4. 筒形活塞式柴油机和十字头式柴油机

图 4-2(a)为筒形活塞式柴油机的示意图，它的活塞通过活塞销直接与连杆相连。这种结构的优点是结构简单、紧凑、轻便，发动机高度小。它的缺点是由于运动时有侧推力，活塞与气缸之间的磨损较大。中高速柴油机一般都采用此结构。

图 4-2(b)所示为十字头式柴油机。它的活塞设有活塞杆，通过十字头与连杆相连接，并在气缸下部设中隔板将气缸与曲轴箱隔开。十字头式柴油机工作可靠，寿命长。它的缺点是重量和高度增大，结构复杂，大型低速二冲程柴油机都采用这种结构。

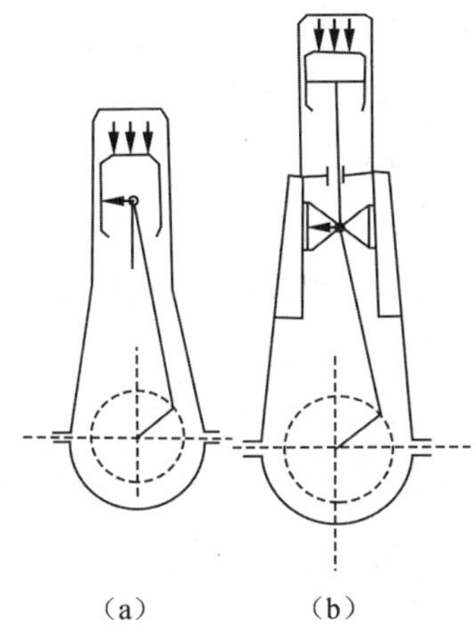

图 4-2　筒形活塞式和十字头式柴油机

5. 直列式和 V 形柴油机

船用柴油机通常均为多缸机。这样可以增大柴油机单机功率，同时可满足船舶机动性、可靠性的要求。

多缸柴油机的气缸排列可以有直列式、V 形、W 形等。船用柴油机均为直列式与 V 形两种。具有两个或两个以上直立气缸，并呈一列布置的柴油机称直列式柴油机，如图 4-3(a)所示。直列式柴油机的气缸数因曲轴刚度和安装上的限制一般不超过 12 缸。当缸数超过 12 缸时通常采用 V 形柴油机，如图 4-3(b)所示。它具有两个或两列气缸，其中心线夹角呈 V 形，并共享一根曲轴输出功率。V 形机的气缸数可达 18，甚至 24，气缸夹角通常为 90°、60°和 45°。V 形机具有较高的单机功率和较小的比重量(柴油机净重量与标定功率的比值)，在中、高速柴油机中用得较多。

6. 右旋和左旋柴油机

观察者由柴油机功率输出端向自由端看，正车时按顺时针方向旋转的柴油机称右旋(转)

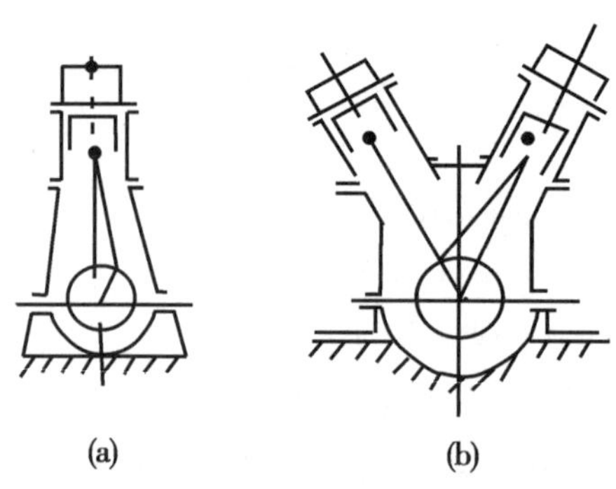

图 4-3　直列式和 V 形柴油机

柴油机;观察者由柴油机功率输出端向自由端看,正车时按逆时针方向旋转的柴油机称左旋(转)柴油机。

某些船舶的推进装置(如客船)采用双机双桨推进装置。在这种船舶上,由船尾向船首看,布置在机舱右舷的柴油机为右旋柴油机,亦称右机;布置在机舱左舷的柴油机为左旋柴油机,亦称左机。在这种动力装置中,为便于操纵管理,右机的操纵侧即凸轮轴侧布置在柴油机左侧(即内侧),而排气侧布置在右侧;左机的操纵侧在柴油机的右侧(即内侧)。

单台布置的船舶主柴油机通常均为右旋柴油机。

7. 可逆转和不可逆转柴油机

可由操纵机构改变自身转向的柴油机称可逆转柴油机。曲轴仅能按同一方向旋转的柴油机称不可逆转柴油机。

在船舶上凡直接带动螺旋桨的柴油机均为可逆转柴油机;凡带有倒顺车离合器、倒顺车齿轮箱或可变螺距螺旋桨的柴油机以及船舶发电柴油机均为不可逆转柴油机。

三、四冲程柴油机工作原理

图 4-4 中所示的四个简图分别表示四个活塞行程的进行情况以及活塞、曲轴、气阀等部件的有关动作位置。

(1)第一行程——进气行程,空气进入气缸时相应的活塞行程。

活塞从上止点下行,进气阀 a 打开。由于气缸容积不断增大,缸内压力下降,依靠气缸内与大气的压差,新鲜空气经进气阀被吸入气缸。进气阀一般在活塞到达上止点前即提前打开(曲柄位于点 1),下止点后延迟关闭(曲柄位于点 2)。曲轴转角 φ_{1-2}(图中阴影线所占的角度)表示进气持续角 $\Delta\theta_i$,为 220°CA~250°CA。

(2)第二行程——压缩行程,工质在气缸内被压缩时相应的活塞行程。

活塞从下止点向上运动,自进气阀 a 关闭(点 2)才开始压缩,一直到上止点(点 3)为止。第一行程吸入的新气经压缩后,压力增高到 3~6 MPa,温度升高到 600~700 ℃(燃油的自燃温度为 210~270 ℃)。压缩终点的压力和温度分别用符号 p_c 和 t_c 表示。在压缩过程的后期由喷油器(c)喷入气缸的燃油,与高温空气混合、加热,并自行发火燃烧。曲轴转角 φ_{2-3} 表示压缩过程,为 140°CA~160°CA。

(3)第三行程——燃烧和膨胀行程,工质在气缸内燃烧膨胀时相应的活塞行程。

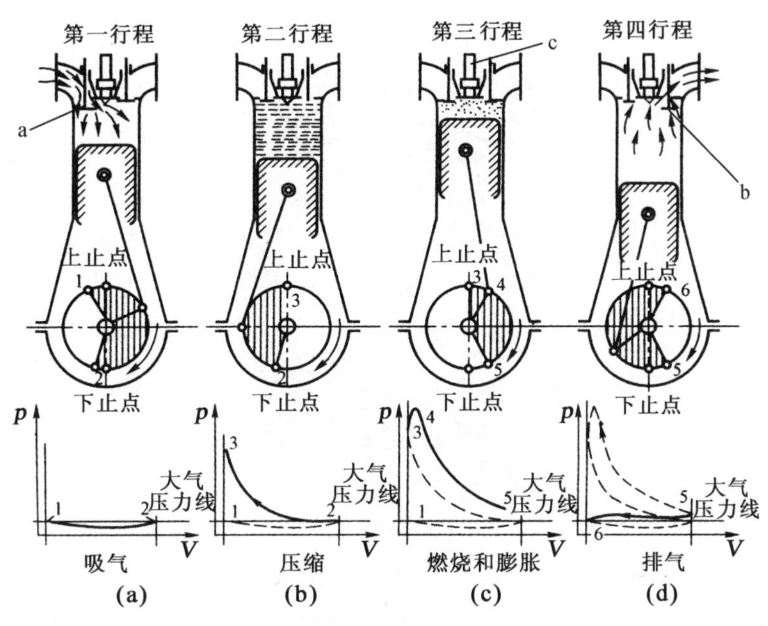

图 4-4　四冲程柴油机工作原理

活塞在上止点附近,由于燃油强烈燃烧,使气缸(点 5)压力增大。曲轴转角 φ_{3-4-5} 表示燃烧和膨胀过程。

(4)第四行程——排气行程,废气从气缸内排出时相应的活塞行程。

在上一行程末,排气阀 b 开启时活塞尚在下行,废气靠气缸内外压力差经排气阀排出。当活塞由下止点上行时,废气被活塞推出气缸,此时的排气过程是在略高于大气压力(1.05~1.1 个大气压)且在压力基本不变的情况下进行的。排气阀一直延迟到上止点后(点 6)才关闭。曲轴转角 φ_{5-6} 表示排气持续角 $\Delta\theta_e$,为 230°CA~260°CA。

进行了上述的四个行程,柴油机就完成了一个工作循环。当活塞继续运动时,另一个新的循环又按同样的顺序重复进行。

四冲程柴油机每完成一个工作循环,曲轴要回转两转(720°曲轴转角)。每个工作循环中只有第三行程(膨胀行程)是做功的,其他三个行程都是为膨胀行程服务的,都需要外界供给能量。柴油机常做成多缸的,这样,进气、压缩、排气行程的能量可由其他正在做功的气缸供给。如果是单缸柴油机,那就由较大的飞轮供给。$p—V$ 图表示出一个工作循环内气缸中气体压力随活塞位移(即气缸容积)而变化的情形。工作循环各过程线的综合,就构成了四冲程柴油机的示功图。在过程进行时,气缸内气体的压力和容积是同时变化的。$p—V$ 示功图可用来研究柴油机工作过程进行的情况,并且可用来计算柴油机一个工作循环的指示功。

四冲程柴油机的进、排气阀的启闭都不正好在上、下止点,而是在上、下止点前后某一时刻。它们的开启持续角均大于 180°CA。进、排气阀在上、下止点前后启闭的时刻称为气阀定时,通常气阀定是用距相应止点的曲轴转角(°CA)表示。用曲轴转角表示气阀定时的圆图称气阀定时圆图,如图 4-5 所示。

在图 4-5 中,进气阀在上止点前点 1 开启,在下止点后点 2 关闭。其与相应止点的夹角 φ_1、φ_2 分别称进气提前角、进气滞后角。排气阀在下止点前点 5 开启,在上止点后点 6 关闭,其与相应止点的夹角 φ_3、φ_4 分别称为排气提前角、排气滞后角。气阀提前开启与延后关闭是

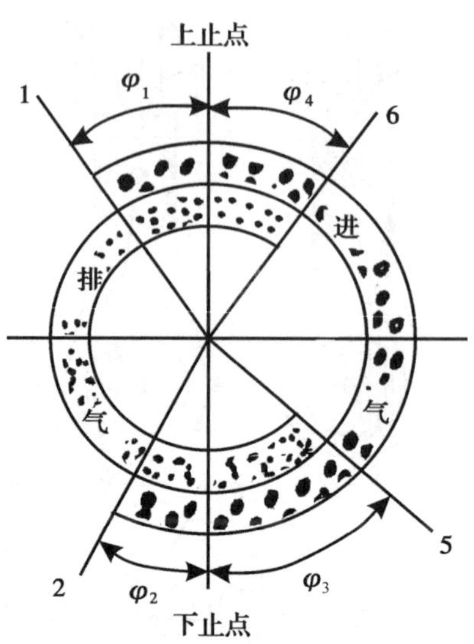

图 4-5　气阀定时圆图

为了将废气排除干净并增加空气的吸入量，以利于燃油的燃烧，还可减少排气耗功。因此，气阀定时是影响四冲程柴油机做功的重要因素。

在上止点前后进气阀与排气阀同时开启着，同一气缸的进、排气阀在上止点前后同时开启的曲轴转角称为气阀重叠角。在气阀叠开期间，进气管、气缸、排气管连通，此时利用废气的流动惯性，除可避免废气倒冲入进气管外，尚可抽吸新鲜空气进入气缸，并利用此压力差在将新气吸入气缸的同时将燃烧室内的废气扫出气缸，实现所谓燃烧室扫气。此时不但可提高换气质量，还可利用进气冷却燃烧室有关部件。因而，四冲程柴油机均有一定的气阀重叠角，而且增压柴油机的气阀重叠角均大于非增压机，如表 4-1 所示。

表 4-1　四冲程柴油机气阀重叠角

名称	非增压		增压	
	开启	关闭	开启	关闭
进气阀	上止点前 15°～30°	下止点后 10°～30°	上止点前 40°～80°	下止点后 20°～40°
排气阀	下止点前 35°～45°	上止点后 10°～20°	下止点前 40°～55°	上止点后 40°～50°
重叠角	25°～50°		80°～130°	

第二节　柴油机常见故障原因分析及检修方法

一、封缸运行

船舶航行期间，当主柴油机的任意一个或两个缸发生不能工作的故障，一时无法排除时，可采取停止有故障的气缸运转，确保主机继续运转的措施称为封缸运行。

根据造船规范要求,6 缸及以下的柴油机,在停掉 1 个气缸的情况下应能保证主机继续运转。缸数超过 6 个缸的主柴油机,在停掉 2 个气缸的情况下应能保证其继续工作,使船舶继续航行,在适当有利的时机再处理故障。

如果某缸发生故障,如喷油泵、喷油器故障,气阀烧蚀或阀杆卡死,气缸严重漏气,拉缸或敲缸等,这些故障或使气缸不能发火而运动件尚可运转,或气缸能发火而运动件工作失常。为了继续航行,简单的方法是用专用提升工具将油泵滚轮连同柱塞一起抬起,使该缸喷油泵停止工作,或打开喷油泵的回油阀,则燃油停止喷入气缸。不能采取只关闭喷油泵的进出口阀来停止气缸供油的做法,这将造成喷油泵偶件干摩擦直至咬死。

只采取单缸停油而不需要拆卸任何设备的方法称为减缸运行或停缸运行。因为只是单缸停油,活塞在压缩行程必然消耗机械能,因此,必须将单缸停油气缸的示功阀全开,减少能量的消耗。对二冲程直流扫气柴油机,也可将排气阀始终锁定在开启位置。

二、封缸运行时的管理

1. 防止柴油机超负荷

要防止柴油机超机械负荷,各缸喷油泵供油量不允许超过额定值。同时要防止柴油机超热负荷,各缸排烟温度都不允许超过正常情况下全速航行时的最高排烟温度。柴油机必须在75%负荷的转速运转。

2. 防止增压器喘振

封缸运行时,因有一缸停止工作,废气涡轮增压器的空气流量减少,而柴油机的需气量亦减少,使增压器与柴油机的匹配发生变化,因而容易发生喘振。当增压器连续或间断发生喘振时,柴油机则不能在这个转速下运转,应降速直至喘振消除为止。

3. 防止柴油机异常振动

柴油机某一缸的运动件被拆除后,破坏了柴油机整体的平衡性,可能会在某一转速范围内产生强烈的振动。为了确保柴油机运转可靠,当振动异常时,应将柴油机转速降低直至运转正常。

4. 保证船舶航行安全

不论在何种封缸方法中运行,柴油机都是处在故障状况运转。轮机长应加强对值班轮机员的指导,当值轮机人员应增加机舱巡检的次数,尤其应加强主机及其动力系统的管理。当柴油机主要工作指标和有关参数有异常情况时,必须立即找出原因并采取相应对策,如果问题得不到解决,必须立即向轮机长报告,必要情况下应向船长报告。保证船舶动力装置安全可靠地运行,是轮机管理人员的首要职责。

三、拉缸

由于柴油机强化程度的提高,超长行程的发展和劣质燃油的使用,使柴油机的活塞、活塞环、气缸套等燃烧室的部件在十分恶劣的条件下工作,会引起润滑不良而导致柴油机拉缸。

1. 拉缸现象

拉缸现象是指活塞环、活塞裙与气缸套之间,相对往复运动表面相互作用而造成的表面损伤。这种损伤程度有刮痕、烧伤和咬死等区别,故可划分为划伤、拉缸和咬缸,在广义上我们统称为拉缸。

活塞环与气缸套间的拉缸,通常发生在运转初期,即系泊试验,海上试航及磨合期,一旦磨合期结束,几乎不再发生拉缸现象。

活塞裙部与气缸套的拉缸,往往发生在磨合期后稳定运转数千小时内。

拉缸损伤的机理,大多数是由于滑动部位的润滑油膜受到局部的破坏,此时两个相对运动的表面突起部位首先发生金属接触,然后局部将出现微小的"熔着"现象,而熔着部位由于部件的相对运动又被撕裂。在这个过程中金属表面形成硬化层,当这个硬化层被破坏时,所产生的金属磨粒将成为加剧表面磨损的磨料。在出现所谓熔着磨损的短时间中,在活塞和气缸套表面上出现和气缸中心线相平行的高低不平的磨痕,这就是"拉缸"。严重时滑动部位完全黏着或卡住甚至可能在两个表面的薄弱部位产生裂纹以致机件破坏,这时可称为"咬缸"。

2. 拉缸的原因

造成拉缸的原因十分复杂:有设计、制造工艺及材料上的缺陷,也有运行管理不当的因素。

设计、制造工艺及材料需要注意:材料的选配、间隙大小的确定、结构布置是否合理、安装找正是否恰当、表面粗糙度的加工是否合适、润滑油冷却的安排是否完善、滑油净化质量是否合乎要求等。

3. 拉缸时的征兆

(1)气缸冷却水出口温度和活塞冷却液出口温度明显升高;

(2)可以听到活塞环与气缸壁间干摩擦的异常声响;

(3)曲轴箱和扫气箱温度升高,甚至有烟气冒出;

(4)发生拉缸的气缸当曲柄越过上止点位置时,有敲击声发出且柴油机转速会迅速下降或自行停车。

4. 拉缸时的应急措施

(1)早期发现拉缸,要进行单缸停油、降速、加强活塞冷却直到过热现象消失为止。

(2)发生拉缸时迅速降速慢车运行,然后停车并立即进行转车,同时增大活塞冷却液流量,但切勿同时增大气缸套冷却水量。

(3)如果活塞咬死暂时转不动车,可待活塞冷却一段时间再进行转车。

(4)当采用上述方法仍转不动车时,可向活塞与缸壁间注入煤油并待充分渗透后再行转车。如仍转不动车,可拆下曲轴销轴承盖,用专用工具和机舱吊车将活塞吊出,同时亦应加注煤油。

(5)活塞吊出后仔细检查并将损坏的活塞环换新,同时用油石将缸套拉痕磨光。

(6)重新装复时注意检查注油孔及油管接头。如有换新部件则必须进行磨合。

(7)对无法修复的拉缸故障,可采取封缸运行的方法处理。

四、敲缸

1. 敲缸现象及分类

柴油机运行中发出有规律的不正常声响或敲击声,这种现象称为敲缸。

敲缸常分为燃烧敲缸和机械敲缸。由于燃烧的原因在上止点附近发出尖锐的金属敲击声称为燃烧敲缸或热敲缸。此时若继续运行，则柴油机的最高燃烧压力异常增高，各部件热应力增大，机械负荷亦增大，在冲击力的作用下，运动部件将过快磨损并导致损坏。因运动部件和轴承间隙不正常引起钝重敲击声或摩擦声，发生在上、下止点或越过上、下止点时及经过中部时，这种现象称为机械敲缸或冷敲缸。

判断是哪种敲缸可用降速或单缸停油的方法：采取上述措施时，若敲击声随之消失，则为燃烧敲缸；若敲击声仍不消除，则很可能是机械敲缸，可用金属听诊棒进行探查并确定敲缸的部位。

2. 敲缸的原因

(1)燃烧敲缸的原因

①喷油器供油提前角过大；

②喷油器启阀压力调得过低；

③喷油器的喷嘴针阀卡在开启位置；

④喷油器弹簧断裂或松动；

⑤供油量过大，超负荷运转；

⑥所用燃油燃烧性能差，易发生爆燃。

(2)机械敲缸的原因

气缸上部敲缸的原因：

①气缸套上部磨出凸台；

②运动部件中心线不正；

③曲柄销轴承偏磨；

④气阀间隙过大。

气缸中部敲缸的原因：

①四冲程柴油机活塞销间隙过大；

②四冲程柴油机活塞与气缸套间隙过大；

③气缸套严重磨损。

气缸下部及曲轴箱敲击的原因：

①连杆轴承或主轴承间隙过大；

②主要运动部件的螺栓松动；

③活塞冷却液肘管弯曲变形。

3. 敲缸时的应急处理

柴油机运行中，发现敲缸首先采取降速运行的措施，避免机件损坏。如果判定为燃烧敲缸，停车后进行如下检修：

(1)喷油器进行试压和调整，必要时换新；

(2)检查喷油泵的供油量，必要时调整其有效行程；

(3)若条件允许，检查和调整喷油正时。

如果确认是机械敲缸，则须对有关机件进行调整、紧固、修理和更换。

在航行条件不允许停车或无法修复时，可采取封缸运行的办法或降速航行，及时向船东报告,在适当时机尽快修复。

五、曲轴箱爆炸

曲轴箱爆炸是指产生火焰的同时伴有高压。曲轴箱爆炸事故的破坏力是双重的,既发生火灾也存在冲击破坏。曲轴箱爆炸属于恶性事故,既造成柴油机的损坏又可能使人员伤亡。

曲轴箱爆炸的原因主要有两个:

1. 曲轴箱内油气浓度达到爆炸极限之内

柴油机运行中,自转动的曲柄甩出大量的润滑油油滴,飞溅至气缸壁面、曲轴箱壁面。大部分滑油汇集于油底壳返回主滑油循环柜,少部分滑油由于飞溅、碰撞及蒸发形成大量的可燃性油气。可燃油气浓度达到一定范围遇火源立即爆炸。按容积百分比,可燃油气在空气中的比例为 1.7%,即爆炸下限,其爆炸上限为 11.2%。可燃混合气中油气的浓度低于爆炸下限不会发生爆炸,因为油气少而空气多;如果可燃混合气中油气浓度高于 11.2%,因为油气多而空气少,可燃混合气也不会发生爆炸。

柴油机曲轴箱在封闭之后其内部积存大量空气,曲轴箱透气管出口网罩易脏堵,曲轴箱内油气逸出困难,容易使曲轴箱内可燃混合气处在着火基本条件的浓度极限范围。可燃混合气产生爆炸的条件由所需温度的上限和下限值所决定。滑油蒸气着火下限为 270~350 ℃,上限高于 400 ℃,润滑油蒸发温度为 200 ℃以上。如果燃油漏入曲轴箱中,会降低滑油着火温度,从而使曲轴箱可燃混合气在较低的温度下产生爆炸。

2. 曲轴箱内存在高温热源是引起爆炸的决定性因素

在正常情况下曲轴箱内的温度较高,但不应出现高温热源。当两种金属在相对运动中不正常摩擦、接触时会导致出现高温热源,如主轴承、连杆大端轴承过热或烧熔等,拉缸、活塞环密封不良燃气漏泄等。

(1)曲轴箱爆炸的预防

为了预防曲轴箱发生爆炸,管理中常采取如下措施:

①要避免曲轴箱内出现热源,防止活塞环、活塞杆填料函发生漏气;保证润滑和冷却,防止运动件过热、白合金烧熔;避免出现拉缸现象。

②在曲轴箱内安装油雾浓度检测器,在运行中连续监测曲轴箱内油雾浓度的变化,并在油雾浓度达到爆炸极限之前,发出声、光警报。

③在曲轴箱上安装透气管或抽气机将油气排出机舱外,注意出油气管口防火网罩不要被油垢脏堵。

④在柴油机排气侧的曲轴箱道门上装有防爆门,防爆门安全阀的开启压力为 0.01 MPa,当曲轴箱中压力达到 0.01 MPa 时,防爆门安全阀自动弹开将油气放出,待压力降低后再自动关闭。

⑤曲轴箱内装 CO_2 灭火系统喷头,以备使用。

(2)曲轴箱爆炸时的应急措施

在运行管理中应不失时机地采取有效措施防止和处理曲轴箱爆炸事故。

①当发现曲轴箱不正常发热、透气管冒出大量油气和嗅到油焦味或油雾检测器发出警报时,都表明曲轴箱内存在潜在的爆炸危险,应立即降速并加强气缸润滑。注意不能立即停车和

停冷却水泵、滑油泵。

②当发现曲轴箱有爆炸危险时，任何人不准在柴油机装有防爆门的一侧走动或停留，避免造成不必要的人身伤亡。

③当曲轴箱已经发生爆炸并将防爆门安全阀冲开时，要立即采取灭火措施。但切忌马上打开道门以防止新鲜空气进入曲轴箱，导致发生危害更大的爆炸事故。

④用机体外专用灭火接头引入灭火剂，但注意不要轻易使用灭火剂以防机体部件受到腐蚀，尤其要慎重使用 CO_2 灭火系统灭火。

六、连杆螺栓断裂

柴油机的连杆螺栓必须十分坚固、工作可靠，运转时连杆螺栓一旦断裂就会发生机损事故并可能造成人员伤害。四冲程柴油机的往复惯性力在连杆螺栓上产生比较大的交变拉伸力，因此发生连杆螺栓断裂事故较多。

（1）对连杆螺栓断裂的统计

日本海事协会对柴油发电机连杆螺栓的断裂位置和原因统计如下：

断裂位置：Ⅰ.在螺纹部分断裂的占46%；

Ⅱ.在中央圆角处断裂的占40%；

Ⅲ.在螺栓头根部断裂的占10%。

断裂原因：

①由于疲劳，占40%；

②忘记装防止螺帽转动的开口销等，占25%；

③上紧不良，占13%；

④圆角不足等设计、加工不佳，占12%；

⑤材料本身存在缺陷，占6%。

（2）故障实例

例1：某船柴油发电机为MAN G7V 23.5/33，运行中发现频率下降，尚未停车发生一声巨响，第一缸已被炸开。检查结果是一缸右侧连杆螺栓断裂，断面有缩口；左侧连杆螺栓弯曲扭断。连杆大端轴承与平衡重脱落，曲柄销拉毛，连杆弯曲；缸套与活塞破碎；曲轴箱破裂。

原因分析：事故是由于右侧连杆螺栓在安装时预紧力过大，连杆螺栓被拉长超过规定值，在运转中被拉断。右部螺栓断后迫使左侧螺栓弯曲并带着下轴承盖撞击机体而断裂，致使连杆伸腿。

例2：某船A278-B型柴油发电机在运行中突然发出强烈的敲击声并停车，结果是第三缸连杆螺栓拆断，连杆飞出，使曲轴箱破裂，运动部件损坏。

原因分析：第三缸右侧连杆螺栓的开口销不知何时脱落，螺帽松脱，使右侧连杆螺栓脱落。连杆轴承单边把紧，使左侧连杆螺栓集中受力而断裂，致使连杆飞出。

例3：某船MRB6型发电柴油机右侧连杆螺栓断裂，引起连杆轴承破坏、连杆弯曲、活塞裙部破损、曲轴箱破裂等。

原因分析：断裂部位在连杆螺栓螺帽紧固部分，断裂起点在螺栓内侧，而外侧螺帽紧配平面接触很紧，因上紧时接触面倾斜，螺栓中心线挠曲，产生应力集中。

(3)对连杆螺栓的检查

①柴油机按说明书规定检修时,对使用或换新的连杆螺栓必须进行探伤检查后方能装复使用;

②若无条件做探伤检查,应使用放大镜或肉眼检查有无缺陷,特别是对螺栓头部、螺纹及根部的检查;

③用牙规检查螺距,用直尺检查弯曲情况和伸长量;

④检查螺帽、螺杆与轴承接触面的配合及磨损程度;

⑤用手锤敲击螺栓,从声响判断有无明显缺陷;

⑥检查定位销是否松动或磨损;

⑦严格按使用期限更换连杆螺栓,四冲程柴油机为 15 000~20 000 运行小时;

⑧上紧螺帽后插入开口销并锁紧。

(4)上紧螺栓时注意事项

①必须保持轴承上下接触面和垫片的清洁,保证贴合良好;

②使用扭力扳手,按规定的力度上紧螺帽;

③严格遵守上紧次序、切忌单边上紧,并应分几次交替上紧;

④注意原来的上紧记号,如为新换螺栓,可将螺帽拧紧后再继续旋紧 50°作为固紧的限度;

⑤新型四冲程柴油机,上紧连杆螺帽有专用的样板,规定每次上紧每缸连杆螺栓的螺帽角度必须一致,也规定了上紧次序;

⑥某些四冲程柴油机设有螺栓伸长限制样板,连杆螺栓依次上紧的过程中,用塞尺插入螺栓头部、样板平面之间,以确定螺栓伸长量是否在允许范围内。

第三节　舷外挂机与挂桨装置的构造和作用

一、组成

1. 舷外挂机

对于沿海小型渔业船舶或渔用快艇等,因船体空间限制,不宜布置传统动力装置,常设有挂机或挂桨装置。舷外挂机是把发动机(柴油机或汽油机)和螺旋桨传动装置制成一个整体,挂在船尾舷外,它的发动机是通过传动装置和螺旋桨直接相连的(图 4-6)。

发动机、传动轴及螺旋桨等装置挂在舷外,整机和螺旋桨可绕托架衬套的中线回转,并可起到舵的作用。扳起舵柄还能使螺旋桨上翘而露出水面,对桨起到保护作用。必要时,还可将整套挂机装置拆下检修或更换。

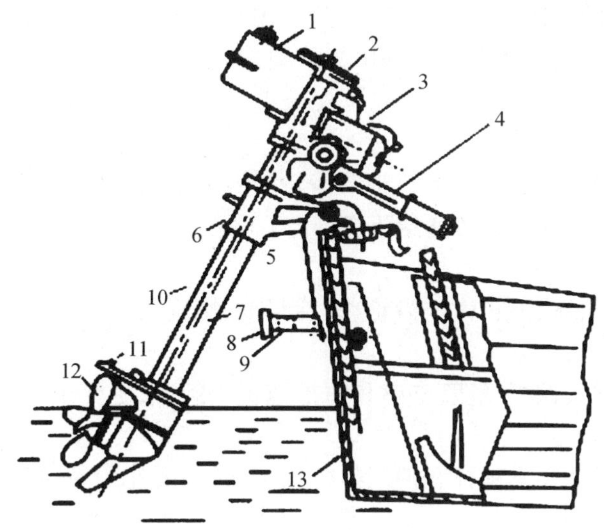

图 4-6　舷外挂机装置

1—油箱;2—飞轮及走动盘;3—发动机;4—舵柄;5—托架支;6—托架衬套;7—艉管;8—承推支承;9—承推支架;10—倒车挂钩;11—挡水;12—螺旋桨;13—船体

2. 舷外挂桨装置

舷外挂桨装置不同于舷外挂机(图 4-7),船用挂桨由柴油机和螺旋桨传动装置两个独立部分组成。

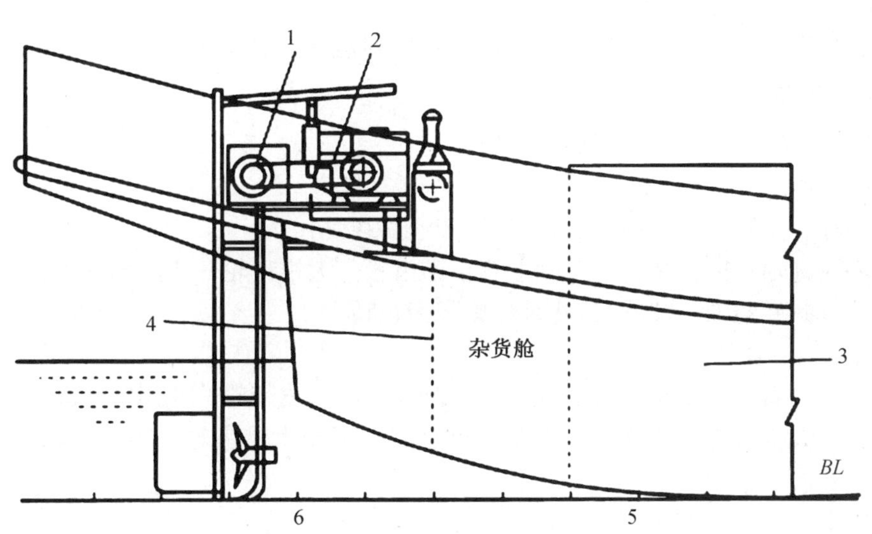

图 4-7　舷外挂桨装置

1—挂桨;2—柴油机;3—后船员舱;4—杂货舱

挂桨装置一般由上箱部分、中间部分、下箱部分、操纵部分和附件部分组成。

(1) 上箱部分

上箱部分主要由皮带轮、上箱体、花键轴、离合滑套、上箱小锥齿轮、摇臂和滑块等部件组成。

目前全国各地研制的船用挂桨型号较多,其结构和传递功率各不相同,但工作原理基本相同。挂桨装置发动机一般设置于舷内艉部甲板或舱内,通过皮带可直接带动传动装置驱动螺旋桨。

(2)中间部分

中间部分主要由上箱大锥齿轮、下箱小锥齿轮、传动轴中间轴管和油封等组成,主要作用是连接上下箱体,并将上箱的动力传递给下箱。

(3)下箱部分

下箱部分主要由下箱体、下箱大锥齿轮、螺旋桨轴、螺旋桨、轴承和油封等组成。

(4)操纵部分

操纵部分主要由舵杆、舵板、舵管支座和防护拖板等组成,主要作用是转动舵板实现转向。

(5)附件部分

附件部分主要由机架、桨操纵杆和油门拉杆等组成,主要作用是供安装柴油机用等。

二、操作

1. 挂桨机的特点

(1)结构紧凑,体积小、重量轻、拆装维护方便。

(2)操纵性能好,转弯灵活。

(3)操作方便,离合器、油门、舵集中于一个舵柄操作,既保持了传统操舵习惯,又十分方便,适宜单人独自掌握使用。

(4)安装简便,不占舱位,无须破坏船体,安装时对船体无特殊要求。

2. 挂桨机的操作

挂桨机有三个挡位:前进挡、倒挡和空挡。

(1)前进挡时

滑套向左移和左侧上箱小锥齿啮合,动力传递路线是:

皮带轮—花键轴—离合滑套—左侧上箱小锥齿轮—大锥齿轮—传动轴—下箱小锥齿轮—下箱大锥齿轮—螺旋桨轴—螺旋桨,此时螺旋桨为正转。

(2)倒挡时

滑套向右移和右侧上箱小锥齿啮合,动力传递路线是:皮带轮—花键轴—离合滑套—右侧上箱小锥齿轮—大锥齿轮—传动轴—下箱小锥齿轮—下箱大锥齿轮—螺旋桨轴—螺旋桨,此时螺旋桨为反转。

(3)空挡时

滑套位于中间位置,动力传递路线是:皮带轮—花键轴—滑套,此时停车空转,螺旋桨不动。

三、注意事项

1. 挂桨机使用前的准备

(1)检查润滑油的油面高度。

(2)检查各部分的紧固螺钉、螺母是否松动。

(3)检查油门、变速、倒挡、转向等机构的调整是否正确。

(4)对各人工加油部位加润滑油。

(5)转动皮带盘,检查各挡位有无异常响声。

(6)调整三角皮带至适当紧度。

2. 挂桨机的操作注意事项

(1)起步

启动前放空挡,运转后,船尾离码头,方可吃挡。

(2)转弯

先小油门或脱挡,禁止高速急转弯。

(3)换挡

禁止直接快速换挡,换挡前应先小油门并在空挡停留 3~5 s。

(4)过浅滩

应脱挡滑行,搁浅后,先使挂桨上翘再排浅。

(5)装载

严禁超载,调整重心,船头上翘,减少阻力。

(6)拖船

挂桨船位要装有刚性保护架,海上拖船要保持至少 8 m 距离。

(7)停泊

靠码头应减速脱挡慢行,船头先靠岸,严禁熄火后停车变挡,以免变挡机构变形。

3. 挂桨机的维护保养

(1)新机或更换过齿轮等重要零件的挂桨机第一次使用 50 h 后应更换上下箱机油一次。

(2)挂桨机正常使用 200 h 应检查锥齿轮的啮合间隙,必要时进行调整。

(3)挂桨机工作 200 h 后应检查锥齿轮、爪形套、离合滑套、轴承油封等零件的磨损及完好情况,必要时加以维修或更换。

(4)挂桨机每工作 200 h,上下箱体的润滑油更换一次。

本章思考题

1. 柴油机的主要优缺点是什么?
2. 简述四冲程柴油机工作原理。
3. 气阀重叠角是什么?
4. 简述拉缸的主要原因及应急措施。

5. 敲缸的原因是什么?
6. 上紧连杆螺栓时注意事项有哪些?
7. 简述挂桨机的操作注意事项。
8. 简述挂桨机的维护保养内容。

第五章　渔船电气常识

第一节　电气常识

一、电的基本知识

1. 电路

电路，就是电流所通过的路径。电路一般由电源（干电池）、负载（灯泡）、中间环节（导线）、控制及保护装置（开关）四部分组成。我们将渔船上的蓄电池、开关、照明灯泡，用导线连接起来就是一个简单的电路。

2. 电流、电压与电阻

（1）电流

如同水能在管中流动一样，电荷也能在导体中流动。电路接通后，电荷有规则地定向运动就形成了电流。

电流的强弱用电流强度来衡量，用 I 表示。其电流强度用单位时间内通过导体横截面的电量来衡量。电流的单位为安培（A），简称安。常用的电流单位还有：微安（μA）、毫安（mA）、千安（kA）等。

（2）电压

电压也称作电势差或电位差，是衡量单位电荷在静电场中由于电势不同所产生的能量差的物理量。其大小等于单位正电荷因受电场力作用从 A 点移动到 B 点所做的功，电压的方向规定为从高电位指向低电位。电压的国际单位制为伏特（V，简称伏），常用的单位还有毫伏（mV）、微伏（μV）、千伏（kV）等。此概念与水位高低所造成的“水压”相似。需要指出的是，“电压”一词一般只用于电路当中。

（3）电阻

定义：导体对电流的阻碍作用就叫导体的电阻。

电阻是所有电子电路中使用最多的元件。电阻的主要物理特征是变电能为热能，也可说它是一个耗能元件，电流经过它就产生热能。电阻在电路中通常起分压分流的作用，对信号来说，交流与直流信号都可以通过电阻。

电阻都有一定的阻值，它代表这个电阻对电流流动阻挡力的大小。电阻的单位是欧姆，用符号“Ω”表示。欧姆是这样定义的：当在一个电阻器的两端加上 1 V 的电压时，如果在这个电阻器中有 1 A 的电流通过，则这个电阻器的阻值为 1 Ω。除了欧姆外，电阻的单位还有千欧（kΩ）、兆欧（MΩ）等。

二、电气测量

1. 电流测量

电流表的使用规则：

（1）电流表要串联在电路中。

（2）电流要从“+”接线柱入，从“-”接线柱出，否则指针反转。

（3）被测电流不要超过电流表的量程，可以采用试触的方法来看是否超过量程。

（4）绝对不允许不经过用电器而把电流表连到电源的两极上。电流表内阻很小，相当于一根导线。若将电流表连到电源的两极上，轻则指针打歪，重则烧坏电流表、电源、导线。

2. 电压测量

用电器接通电源，电压表并联在用电器两端，电压表显示的读数就是用电器的电压。

注意事项：

（1）正确选择量程；

（2）接线正确。

第二节　蓄电池使用与维护

一、蓄电池的结构和原理

船上使用的应急蓄电池有酸性（铅）蓄电池和碱性（铁镍、铬镍）蓄电池两种。船上一般采用酸性蓄电池，主要是因为其具有体积小、价格便宜、维护方便等优点。蓄电池主要有如下用途：

（1）作为小应急电源（应急照明、航行灯）及内部通信电源；

（2）作为机舱巡回监视报警系统的备用控制电源；

（3）作为应急柴油发电机的起动电源；

（4）作为救生艇柴油机的起动电源；

（5）作为无线电收发报机的电源。

1. 酸性蓄电池的结构

酸性蓄电池主要由容器、极板、隔板三部分构成。容器的作用是盛贮电解液和支撑极板。极板分正极板和负极板两种。正极板是二氧化铅（PbO_2），负极板是海绵状铅（Pb），由此酸性蓄电池又常常叫作铅酸蓄电池；隔板使正、负两块极板互相绝缘，其上有小孔，以利于电解液流通。

2. 酸性蓄电池的原理

酸性蓄电池是利用铅、二氧化铅和硫酸的化学反应来储存和释放电能的装置。当蓄电池的正、负极板同时和硫酸溶液接触时，在正、负极之间即产生 2 V 左右的电动势，此时若外电路接通将产生放电电流。同时正极板和负极板与硫酸起化学反应，逐渐变成了硫酸铅（$PbSO_4$）。当正、负极板都变成同样的硫酸铅后，蓄电池就不能再放电了，此时需要对蓄电池充电，使其恢复为原来的二氧化铅和铅。蓄电池的充电和放电是可逆的。

（阳极）（电解液）　　（阴极）

$PbO_2+2H_2SO_4+Pb \rightarrow PbSO_4+2H_2O+PbSO_4$（放电反应）

（阳极）　（电解液）　（阴极）

$PbSO_4+2H_2O+PbSO_4 \rightarrow PbO_2+2H_2SO_4+Pb$（充电反应）

蓄电池的容量：一个充足了电的蓄电池，连续向外输出恒定的电流，从开始一直到放电终了，电流与放电时间的乘积叫作蓄电池的容量，单位为安培小时（Ah）。它用充足电的蓄电池放电到规定终了电压（一般为额定电压的 90%）时所放出的能量来表示，以放电电流 I 与放电时间 t 的乘积描述，即：

$$Q = I \times t \quad (\text{Ah})$$

酸性蓄电池通常以 10 h 的放电电流为标准放电电流（即经过 10 h 使蓄电池放完电的放电电流），因此，额定容量被定义为在电解液温度为 25 ℃，以 10 h 放电电流连续放电至终了电压时所输出的容量，如 200 Ah 容量的酸性蓄电池是指能以 20 A 的电流放电 10 h。

蓄电池的容量与放电电流的大小及电解液的温度有关，因此如果超过标准放电电流进行放电，不但会降低容量，而且会严重影响蓄电池的寿命。关于碱性蓄电池一般是以 8 h 作为标准放电电流。

碱性蓄电池中每个小电池的电动势为 1.3 V 左右，在额定放电率时平均放电电压为 1.2 V。碱性蓄电池可分为镉-镍（Cd-NJ）、铁-镍（Fe-Ni）、锌-银（Zn-Ag）、镉-银（Cd-Ag）等系列。船舶主要采用镉-镍、铁-镍蓄电池。碱性蓄电池主要由容器、极板和活性物质构成。容器用镀镍钢板制成，直接与电解液或一组极板接触，所以碱性蓄电池的外壳带电：正极由氧化镍粉、石墨粉组成，负极由氧化镉和氧化铁粉组成，两极之间用耐碱的硬橡胶隔开。

碱性蓄电池的电解液为 20% 的氢氧化钾（KOH）水溶液（或纯氢氧化钠溶液），比重为 1.2~1.27。蓄电池充电时将电能变为化学能储存起来，放电时将化学能变为电能输送给用电设备，两电极所发生的化学反应是可逆的。

碱性蓄电池的电解液在充放电过程中只作电流的传导体，不参与化学反应，其浓度不变，因而不能根据比重来判断充放电的程度，只能采取测量电压的方法来判断碱性蓄电池的充放电的程度。

放电时，电压变化在 1.2~1 V 范围内，电流增大时可达到 0.7 V，低于 0.7 V 就不应再放电。充电时，电压变化在 1.4~1.8 V 范围内。

3. 酸性蓄电池的电解液比重

蓄电池放电时会产生水，电解液比重降低；充电时生成硫酸，比重增加。根据这个原理，可以用比重计来测量电解液的比重，以此掌握蓄电池的充、放电情况。蓄电池的电动势与电解液比重有关，比重高，电动势也高。

充电完毕:电解液比重上升为:1.275~1.31。

放电完毕:电解液比重下降为:1.13~1.18。

测量比重时,须使用吸取式比重计将电解液缓缓吸入外筒,观察浮标的刻度即可测知比重。

4. 酸性蓄电池的电压

当蓄电池的正、负极板同时和硫酸溶液接触时,在正、负极之间即产生 2 V 左右的电动势。此时若外电路接通将产生放电电流,随着放电的继续,电动势随之下降。

放电完毕:电压降至 1.9 V,再放电很快降至 1.8~1.7 V。

充电完毕:电压升至 2.6 V 左右,并一直维持不变。

当蓄电池开始充电时,电压很快升高到 2.1 V,然后逐步缓慢上升,直到 2.3 V,再经过几小时后,升高到 2.6 V 左右,并一直维持不变,而且正负极板附近剧烈冒出气泡,这时,蓄电池已经“充足”。放电时,蓄电池电压立即降低到 2.0~1.95 V,然后逐步缓慢下降,到 1.9 V 后,很快就降到 1.8~1.7 V,这时蓄电池已经“放完”,不可继续放电,否则会腐蚀铅板。

对于碱性蓄电池,充放电是否终了,主要根据电压判断。一般每个蓄电池电压上升到 1.4~1.8 V 时,而且继续充电 1 h 内不变,即认为充电终了。放电时,则每个蓄电池电压降低到规定的放电终止电压时,即认为放电终了。根据产品规格不同,放电终止电压一般在 0.5~1.0 V 范围内。

5. 酸性蓄电池的电解液配制

(1)酸性蓄电池的电解液为比重 1.285 的稀硫酸。配置调整用酸性电解液的正确操作方法如下:戴橡胶手套和防护眼镜,选择盛放器皿,将浓硫酸(比重 1.835~1.84)慢慢倒入蒸馏水中,再均匀搅拌。

(2)浓硫酸的吸水能力强,氧化能力强,使用时注意不要和人体或衣服等接触。

(3)浓硫酸在稀释过程中会放出热量使电解液温度升高,为防止损伤蓄电池,必须待温度降至 30 ℃以下才允许注入蓄电池内。

(4)使用比重计测量电解液的比重,并在要求范围之内。

二、酸性蓄电池的使用与维护保养

1. 蓄电池的充电方法

蓄电池的充电种类分为初充电、正常充电和均衡充电。新的或长期库存的蓄电池,必须经过初充电后,才能投入使用。蓄电池的充电方法主要有:

(1)恒压充电法:充电过程中充电电压始终保持不变,船上一般不采用。

(2)恒流充电法:充电过程中充电电流始终保持不变。

(3)分段恒流充电法:第一阶段充电电流调整在 1/10 额定容量值上进行充电,充电 10 h 左右,单个电池上升至 2.4 V 左右时(蓄电池可能会发出气泡),转入第二阶段充电;第二阶段充电电流应调整在 1/20 额定容量值上进行充电,充电 3~5 h,调整电解液的比重,使其达到 1.285 左右;再充电 1 h,至此即完成了整个充电,目前,多数船舶上都采用此法。

(4)浮充法:蓄电池直接和直流电源并联,电网向其他负载供电,同时也向蓄电池充电,一般用于直流发电机由主轴带动的小型船舶,如小型渔船等。

2. 蓄电池的过充电

蓄电池在使用过程中往往因长期充电不足,过放电或外部短路等原因使极板硫化,从而使充电电压和电解液相对密度都不容易上升。为了使蓄电池良好运行,对下列情况必须进行过充电:

(1)蓄电池放电到极限电压以下;

(2)蓄电池放电后,停放1~2昼夜没有及时充电;

(3)蓄电池极板抽出过;

(4)以最大电流放电超过限度;

(5)电解液内混有杂质;

(6)个别电池极板硫化,充电时相对密度不易上升;

(7)通常对长期工作的蓄电池,每月至少进行一次过充电,对负载较轻的蓄电池,也应每2~3个月进行一次过充电。

三、蓄电池维护的周期、内容与要求

1. 对于酸性蓄电池

(1)每10天要检查一次电压、电解液的相对密度及高度,并做好记录,如果低于规定值,应及时补充蒸馏水后进行充电,然后清洁表面。

(2)不经常使用的蓄电池,每月至少要检查一次,并进行补充电。

(3)蓄电池表面,每3个月进行一次彻底清洁。清洁时先用温水擦除接头处的氧化物,然后再涂上牛油或凡士林,防止氧化。

2. 对于碱性蓄电池

(1)每15天要检查一次电压、电解液相对密度及高度,并做好记录,如果低于规定值,应及时补充蒸馏水,进行充电,然后清洁表面。

(2)每2个月检查一次蓄电池螺丝塞和透气橡皮套管,如果弹性失效应换新。

(3)每6个月要彻底清洁一次蓄电池的外表面。如果有锈蚀,应用煤油擦光,再涂上一层无酸凡士林。

四、蓄电池维护保养注意事项

(1)注意保持蓄电池表面及整体清洁,不要有油渍污垢在上面,决不允许在上面放置金属工具、物品,以防造成短路,损坏蓄电池。

(2)保持极柱、夹头和铁质提手等处的清洁,如出现电腐蚀或氧化物等应及时擦拭干净,以保证导电的可靠性。平时应将这些零件表面涂上凡士林,防止锈蚀。

(3)平时注意盖好注液孔的上盖,以防止船舶航行时电解液溢出,或海水进入蓄电池里,必须保持气孔畅通。

(4)蓄电池放电终了,应及时按要求进行充电。

(5)蓄电池室内严禁烟火。

(6)碱性蓄电池充电时,不要取下气塞,以防进入大量碳酸气,而使电解液失效,一般每年或使用过50~100次充放电循环,应更换一次电解液,要注意保持排气胶管畅通,定期打开气塞排气,防止气体聚集太多而造成蓄电池膨胀。

第三节　小型渔船配电系统

一、发电机容量及台数确定的原则

船舶电站容量和发电机组数量是从满足船舶用电的需求,并保证船舶的安全性和经济性而确定的。船舶电站容量既不等于全船所有用电设备的标称电功率的总和,也不等于船舶某一运行工况下所用全部用电设备标称电功率的总和。因为船舶在不同运行工况下投入运行的用电设备不同,用电量也不同;即便在同一运行工况下各用电设备的运行时间长短不同,负荷变化的情况也不同;每一用电设备实际所需的电功率大多小于其标称电功率。电站发电机组数量的选择和单机容量的确定既与电站容量有关,也与各工况的用电量大小和相对运行周期的长短有关。

1. 确定电站容量的基本原则

电站容量应能满足船舶在各种运行工况下的用电量,并有适当的裕量,确保连续可靠地供电。但从经济性考虑,冗余功率又不能太大。

2. 发电机组容量和数量的选择原则

发电机组的总容量决定于电站的总容量,确定发电机组的单机容量和机组数量的基本原则是:单机组容量以最高负荷率为80%来确定为宜;船舶电站必须有备用机组,其容量要能满足船舶各运行工况的用电需求;确定单机组容量和机组数量时,要考虑各机组的使用寿命应与主机寿命相当,维修管理方便。

若以高效率经济运行为原则,针对电站容量和各工况的用电量及其相对运行周期等具体情况,可选择小功率多机组,或大功率少机组,或不同功率的机组。有些船舶在无作业停泊期间用电量少,常设1台小容量的系泊发电机。船舶电站的实际容量综合考虑了船舶电动机的利用系数、负荷系数、同时系数等因素。

二、配电装置

配电装置是接收和分配电能,并对电网实现保护的设备。有些配电装置(例如主配电板、应急配电板和蓄电池充放电板等)还具有对电源装置、用电设备进行测量、保护和控制的功能。

1. 配电装置分类

船用配电装置种类很多,如面向主发电机的控制和监测的主配电板,面向应急发电机控制和监测的应急配电板,面向蓄电池组控制和监测的蓄电池充放电板。此外还有区域分配电板、岸电箱和交流配电板等。

2. 主配电板的构成及功能

船舶主配电板是船舶电力系统的中枢，担负着对主发电机和用电设备的控制、保护、监测和配电等多种功能，一般由发电机控制屏、并车屏、负载屏和汇流排四部分组成。

(1)发电机控制屏

发电机控制屏包含有发电机主开关及操纵器件、指示灯和仪表、发电机励磁控制和保护环节等。每台发电机组均配有单独的控制屏，用于控制、调节、保护、监测发电机。控制屏面板大体分上、中、下三部分，上部装有电压表、电流表及转换开关、频率表、功率表、功率因数表以及原动机的调速开关和按钮等；中部安装有发电机主开关；下部一般安装有发电机励磁控制装置，控制屏内还装有逆功率继电器和仪用互感器等。

(2)并车屏

并车屏包含有同步表、同步指示灯、投切顺序选择和转换开关、操纵按钮及状态显示指示灯等。有的还设有汇流排分段隔离开关、粗同步并车电抗器、自动并车装置等。并车屏用于交流发电机组的并联运行、解列等操作。

(3)负载屏

负载屏包括动力负载屏和照明负载屏，通常安装有装置式自动空气开关、电压表、电流表及转换开关、绝缘指示灯、兆欧表以及与岸电箱相连的岸电开关。它们用于分配电能并对各馈电线路进行控制、监视和保护等。各用电设备或分电箱的电能通过装置空气开关供给。有些动力负载屏上还装有重要泵的组合起动装置。

(4)汇流排

配电板上主汇流排及连接部件是铜质的，连接处做了防腐或防氧化处理。汇流排能承受短路时的机械冲击力，其最大允许温升为 45 ℃。

交流汇流排按从上到下(垂直排列)、从左到右、从前到后(水平布置)的顺序依次为 A 相、B 相、C 相。汇流排的颜色依次为绿色、黄色、褐色或紫色，中线为浅蓝色(若有接地线则接地线为黄绿相间颜色)。直流汇流排按从上到下(垂直排列)、从左到右、从前到后(水平布置)的顺序依次为正极、中线、负极。其正极颜色为红色，负极为蓝色，中线为绿色和黄色相间色。

3. 分配电板

分配电板是由过载保护电器组成的集合体。对额定电流不超过 16 A 的电气设备进行供电的开关板，也称为分电箱，主要有动力分配电板和照明分配电板两种。

区域分配电板由主配电板或应急配电板馈电，是对耗电大于 16 A 的电气设备进行供电的开关板。

4. 充放电板

船舶小应急照明、操纵仪器和无线电设备的电源均采用蓄电池，船舶设置充放电板对蓄电池进行充电、放电，实现向用电设备正常供电。

第四节　用电安全

触电是指人体触及带电的物体,受到较高电压和较大电流的伤害。按照伤害程度的不同,触电可分为电伤(外伤)和电击(内伤)两类。

电伤:电路放电时电弧或飞溅物使人体外部发生烧伤、烫伤的现象。

电击:人体触到带电物体时,有电流通过人体内部器官而造成的伤害。

一、触电方式

触电时,由于人体接触带电物体的方式不同,而使电流流经人体的路径不同,其伤害程度也不一样,人体触电的方式有三种:

1. 双线触电

人体同时接触到两相火线的触电叫双线触电。如图 5-1(a)所示,这种触电人体承受的是线电压,电流通过人的心脏,是最危险的一种触电方式。

2. 单线触电

在中性点不接地的三相三线制供电系统中,当人体触到某一相线时,电流经人体、导线的绝缘电阻和分布电容形成的回路造成的触电,如图 5-1(b)所示。

3. 单相触电

在中性点接地的三相四线制供电系统中,人体触到某一相线而造成的触电,如图 5-1(c)所示。

单线触电和单相触电与人穿的鞋的性质和踏的物体有很大关系。如人穿着干燥的胶底鞋踏在胶皮或干燥的木板上,触电的危险就很小。

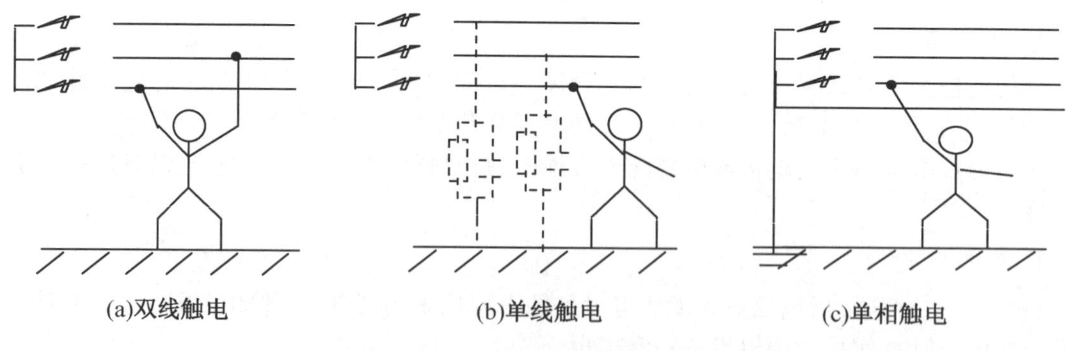

(a)双线触电　(b)单线触电　(c)单相触电

图 5-1　触电的三种方式

二、影响触电伤害程度的因素

人体触电后受伤害的程度与下列因素有关:

(1)与流经人体电流的大小有关。流经人体电流的大小是影响伤害程度的主要因素。当流经人体的电流达到0.5 mA时,人就有所感觉;当电流达到2.3 mA时,人就感觉疼痛;当电流达到50 mA时,就有生命危险。一般情况下,流经人体的电流,交流在15~20 mA以下,直流在50 mA以下,人的头脑清醒,有能力自己摆脱带电体,不至于受到伤害,是安全的。

(2)与电源的频率和电流的种类有关。25~300 Hz的交流电对人体的伤害程度最大,交流比直流危害大。

(3)与电压的高低、持续时间的长短有关。一般情况下电压在36 V以下,由于人体电阻的作用,通过人体的电流在50 mA以下,不至于造成伤害。因此我国规定36 V以下为安全电压。对在潮湿度很大的空气中,应将安全电压定在12 V,12 V以下为绝对安全电压。在水中12 V也是不安全的。

(4)与人体电阻的大小、电流流经人体的路径、人的健康状况有关。人体电阻在皮肤干燥的情况下可达几十千欧姆,而在潮湿和皮肤破损的情况下只有几百欧姆到几千欧姆。电流从一只手到另一只手或从手到脚流经心脏最危险。健康的人受伤害相对较小。

三、触电的原因及预防

1. 触电原因

引起触电的原因很多,但主要有三点:

(1)思想麻痹,不遵守安全规则,直接触及或过分靠近电气设备的带电部分。

(2)电气设备年久失修,绝缘破坏,没有可靠接地,人体触到这种电气设备的金属外壳引起触电。

(3)因意外的原因使电线下落与人体接触引起触电。

2. 预防措施

(1)克服麻痹大意思想,任何操作严格遵守安全规则。

(2)及时维修、保养好电气设备,保持电气设备绝缘良好,接地可靠。

四、安全规则要点

(1)工作前应把衣服扣好,必要时扎紧裤脚,不要把手表、钥匙等金属物品带在身上,工作时应穿胶底安全鞋或干布鞋,不要穿短衣裤和拖鞋。

(2)使用的工具要完备良好,绝缘工具的绝缘套不得有损坏。

(3)电气器具的电线、插头必须完好,36 V以上的电气器具要用带接地线的插头。

(4)电器开关,无关人员不得乱动,禁止用湿手和在潮湿的地方使用电器或开启开关。

(5)修理线路或线路上的电器时,应切断电源,取下熔断器并挂上警告牌。修理完毕,在确认无人后方可通电。

(6)尽量避免带电作业,确需带电作业须经批准,并采取可靠的安全措施。作业时须有专人监护,尽可能用一只手接触带电部分和进行操作。

(7)携带式工作灯要用 36 V 以下的电源。

进行电器维修和操作时,为了保证安全,防止发生触电事故,必须使用各种安全工具。常用的安全工具有:各种绝缘手套、装有绝缘柄的电工工具、试电笔、橡皮垫等。这些工具都要保证清洁、完好、耐压等级符合要求。

为了保证作业安全还必须使用警告牌。

本章思考题

1. 简述电流表的使用规则及电压测量的主要注意事项。
2. 简述蓄电池的主要用途和维护保养注意事项。
3. 简述如何进行酸性蓄电池的电解液配制?
4. 简述发电机组容量和数量的选择原则。
5. 简述影响触电伤害程度的因素。
6. 简述触电的原因及用电安全的注意事项。

附录　机驾长考试大纲

相关说明：(一)适用于船长 12 m 以下或主机总功率 50 千瓦以下海洋渔业船舶。
(二)表中“○”对应“了解”层次，“◎”对应“熟悉”层次，“●”对应“掌握”层次。
(三)建议培训课时数：30 课时。

考核知识点	适用对象
	机驾长
第一部分　渔业管理法律法规相关内容	
1. 中华人民共和国渔业法	○
2. 中华人民共和国海上交通安全法	○
3. 中华人民共和国渔港水域交通安全管理条例	○
4. 中华人民共和国渔业船舶检验条例	○
5. 中华人民共和国防治船舶污染海洋环境管理条例	○
6. 中华人民共和国水生野生动物保护条例	○
7. 中华人民共和国渔业船员管理办法	○
8. 中华人民共和国渔业船舶登记办法	○
9. 中华人民共和国渔业捕捞许可管理规定	○
10. 中华人民共和国船舶进出渔港签证办法	○
11. 中华人民共和国渔业船舶事故报告和调查处理规定	○
12. 地方渔业安全生产相关法规	○
第二部分　避碰规则	
一、小型渔船驾驶和航行规则	
1. 船舶在任何能见度情况下的行动规则	
(1)安全航速	●
(2)碰撞危险	●
(3)避免碰撞的行动	●
(4)有关狭水道航行的规定和注意事项	●
(5)有关分道通航制的规定	●

（续表）

考核知识点	适用对象
	机驾长
2. 船舶在互见中的行动规则	
(1)追越	●
(2)对遇局面	●
(3)交叉相遇局面	●
(4)让路船的行动	●
(5)直航船的行动	●
3. 船舶在能见度不良时的行动规则	●
二、号灯与号型	
1. 号灯、号型的定义和适用范围	●
2. 各类船舶的号灯、号型规定	●
三、声响与灯光信号	
1. 声号设备、声响和灯光信号的规定	●
2. 操纵和警告信号、招引注意的信号	●
3. 能见度不良时使用的声号	●
4. 遇险信号的识别和使用	●
四、渔船作业避让暂行条例	●
第三部分　渔船驾驶	
一、基础知识	
1. 地理坐标的表示方法	◎
2. 海上方向的确定与划分方法	◎
3. 海上距离与速度单位的表示方法	◎
4. 潮汐、潮流名词术语及潮汐的简易推算方法	◎
5. 航标种类和识别航标注意事项	◎
二、助航标志	
1. 航标种类	◎
2. 中国海区水上助航标志	◎
3. 内河助航标志	○
三、航行方法	
1. 岛礁区航行特点、注意事项，导航、避险和转向方法	◎
2. 沿岸行特点及注意事项	●

（续表）

考核知识点	适用对象
	机驾长
3. 雾中航行方法及注意事项	●
4. 流对船舶操纵的影响	◎
第四部分　轮机常识	
一、柴油机应用常识	
1. 柴油机基本工作原理	○
2. 柴油机常见故障原因分析及检修方法	◎
3. 舷外挂机与挂桨装置的构造和作用	○
二、渔船电气常识	
1. 电气常识	◎
2. 蓄电池使用与维护	◎
3. 小型渔船配电系统	○
4. 用电安全	●

参考文献

［1］李换平，武大庆.《中华人民共和国渔业法》解读. 山西水利,2014(3)：45-46.
［2］黄硕琳，唐议. 渔业法规与渔政管理. 北京：中国农业出版社,2010.
［3］龚雪根. 船舶管理(驾驶). 北京：人民交通出版社,2005.
［4］陈耀中，王希兵. 海洋小型船舶机驾. 北京：中国农业出版社,2017.
［5］洪碧光. 船舶操纵原理与技术. 大连：大连海事大学出版社,2007.
［6］李锦芳，史洪源. 地文航海. 大连：大连海运学院出版社,1993.
［7］吴兆麟. 船舶值班与避碰. 大连：大连海事大学出版社,2008.
［8］郭禹. 航海学. 大连：大连海事大学出版社,1999.
［9］邬惠国，王志明. 航海学. 上海：上海浦江教育出版社,2014.
［10］范晓飚. 内河引航技术. 北京：人民交通出版社,2003.